Volker A. Lehnert / Felicitas A. Lehnert

EHE
und Elternhaus

Mit familiären Prägungen leben lernen
12 Denkanstöße

Mit Karikaturen von Dirk Markgraf

aussaat

4. Auflage 2010

www.nvg-medien.de
Titelgestaltung: Yellow Tree Kommunikationsdesign, Freudenberg
WWW.YTDESIGN.DE,
Gesamtherstellung: Fuck-Druck, Koblenz
Printed in Germany
ISBN 978-3-7615-5236-0

Unseren Eltern

Willy und Marlene Jansen
&
Siegfried und Annelies Lehnert

die uns gelehrt haben,
dass man gemeinsam alt werden kann.

In großer Dankbarkeit

Vorwort

Unser Elternhaus prägt uns mehr, als uns bewusst ist. Werte, Weltanschauung, Religion, Kultur und Umgangsformen unserer Eltern haben wir mit der Muttermilch aufgesogen, sei's, dass wir's heute kopieren, sei's, dass wir uns radikal davon abwenden, drinstecken tut's allemal. Das elterliche Ehemodell, vom Rollenverhalten bis zur Liebesfähigkeit, beeinflusst unsere Beziehungs- und Bindungsfähigkeit bis heute, zumindest unbewusst.
Was aber, wenn meine familiären Prägungen, wir nennen sie in diesem Buch ‚Stallgeruch', mit denen meines Partners bzw. meiner Partnerin kollidieren? Was, wenn wir uns ständig Dinge vorwerfen, die wir beide zu Hause so gelernt haben und für uns selbst als normal, gewohnt und richtig empfinden, die aber unserem Ehepartner fremd, ungewohnt und seltsam vorkommen? Was ist, wenn wir ständig in Streit geraten, der in keinem Verhältnis zum Auslöser zu stehen scheint? Dann kann es sein, dass wir auf frühere Wunden treffen und – ohne dass wir's wollen oder es uns bewusst wäre – alte familiäre Traumata aktivieren und wir mit ‚Schatten der Vergangenheit' kämpfen.
Solche Konflikte lassen sich bearbeiten, wenn wir unseren gegenseitigen ‚Stallgeruch' kennen lernen. Und genau dabei wird Ihnen dieses Buch helfen. Exemplarisch stellen wir eine Fülle typischer Prägungen und typischer Prägungskonflikte dar, die Ihnen die Augen für diese spezifische Stallgeruchsproblematik öffnen werden. Wie immer schreiben wir keine ‚Dogmatik', sondern zeigen Tendenzen auf und präsentieren Denkanstöße, die *Sie beide* die Duftnoten *Ihres persönlichen Stallgeruchs* schnuppern lassen werden.

Volker & Felicitas Lehnert

Inhalt

1. Als Zwerg auf der Schulter eines Riesen

Unser verlorener Sinn für (Familien)Geschichte

Unser Leben ist nicht unsere Schöpfung und funktioniert nicht allein nach unseren Spielregeln. Auch wenn wir meist von der geheimen Überzeugung ausgehen, es besser zu wissen als unsere Mütter und Väter, es stimmt nicht immer. Im Gegenteil! Der freiwillige – oder sollen wir sagen hochmütige – Verzicht auf die Auswertung von Erfahrungen unserer Familienvorgänger wirft die Entwicklung der Menschheit, zumindest auf dem Feld der Lebenskunst, immer wieder auf Null zurück. Jede und jeder will eben das Rad selbst neu erfinden und so macht sich manch einer ans Werk in der tiefsten Inbrunst der Überzeugung, mit ihm selbst fange nun endlich die Erkenntnis an, auf die unsere Welt wartet. Das ist so, als beginne die Physik alle dreißig Jahre wieder beim Höhlenfeuer. Jeder muss eben ‚selbst auf die Nase fallen', um einen beliebten Leitsatz moderner Weltanschauung zu zitieren.
So fangen wir also immer wieder bei Null an und dies dürfte einer der wesentlichen Gründe dafür sein, dass wir im Laufe unseres Lebens niemals so recht zu Lebenskünstlern avancieren. Denn wenn wir gerade beginnen, den Gesellenstatus zu erreichen, da ist unser Leben schon vorüber. Zur wirklichen Meisterschaft bringen wir's selten.
Haben Sie sich schon einmal gefragt, warum dies so ist?

Geschichtsignoranz
Zugegeben, die Antwort auf diese Frage dürfte ziemlich viel-

schichtig ausfallen, aber *eine* Ursache liegt mit Sicherheit in einer fatalen Geschichtsignoranz unserer Gesellschaft. Aus der Scham vor den politisch entarteten Epochen unserer Geschichte heraus ist dies zwar verständlich, aber die Verdrängung von Geschichte kann nicht wirklich ein Weg sein, aus ihr zu lernen. Um es besser zu machen, müssen wir das zu Überwindende kennen, analysieren, aufarbeiten und auf seine Wirkstrukturen hin befragen, sowohl in der Weltpolitik, als auch in unserer persönlichen Familiensaga.

Ist uns beispielsweise noch bewusst, dass das christliche Abendland etwas mit dem unierten Europa zur Zeit des römischen Reiches zu tun hat? Dass die Etablierung der christlichen Liturgie aus dem römischen Triumphzug stammt? Dass die Einführung unserer heutigen Zahlen und der gotische Baustil auf Zeiten islamischer Vorherrschaft im Mittelmeerraum zurückgehen? Dass unser heutiger *Berufs*begriff aus Martin Luthers Ausweitung des mittelalterlichen *Berufungs*begriffes auf säkulare Tätigkeiten stammt und unser heutiges Hochdeutsch auf seine Bibelübersetzung zurückzuführen ist? Oder wussten Sie, dass unser heutiger Begriff der *Bildung* sprachgeschichtlich auf die Gotteseben*bild*lichkeit des Menschen zurückgeht[1] und ‚gebildet' sein eigentlich heißt, auf Gott ausgerichtet zu sein?

Worauf wir hinweisen wollen ist die schlichte Einsicht: Unsere Gegenwart basiert immer auf geschichtlichen Entwicklungen und Entscheidungen, die weit vor uns gefallen sind. Und was wir als neutrale Startplattform unseres individuellen Lebens aufzufassen geneigt sind, ist in Wahrheit ein gleichsam ‚genetisch verdichteter' historischer Cocktail aus Erfahrungen und Entscheidungen von Millionen von Menschen, die vor uns waren. Tabula rasa sind wir jedenfalls nicht.

Nostalgieschwelgen

Dem Geschichtsverlust auf der Reflexionsebene entspricht ein Nostalgieschwelgen auf der Gemütsebene. Auf Trödelmärkten wird Ramsch unter dem Prädikat ‚antik' verhökert. TV-Shops bieten Powerhits der 70er mit großem Verkaufserfolg an, Landsmannschaften kämpfen um ihre verlorene Heimat, bisweilen mit intensiverer Präsenz in der Vergangenheit als in der Gegenwart. Erwachsene ab vierzig beginnen plötzlich mit ‚Weißt du noch, früher? & Co'. Alles verständlich, aber regressives Nostalgiestreben und konstruktives Auswerten der Geschichte sind nicht dasselbe. Der Blick zurück soll *Fehler* der Zukunft vermeiden, nicht die Zukunft.

Unbewältigte Todesfrage

Vermutlich rührt diese eigentümliche Unsicherheit im Umgang mit der Geschichte aus der unbewältigten Todesfrage her, wie der Jugendkult unserer Zeit belegt. Der Blick zurück erzeugt neben der nostalgischen Verklärung eben auch Angst, und zwar Angst vor dem eigenen Älterwerden, und dies ist nichts anderes als Todesangst.

Sonntagsabends bei der 15. Wiederholung von ‚Der Kommissar' mit Erik Ode können Sie's spüren: Mensch, war Harry da noch jung. Dabei ist der Chef schon lange tot!

Ist nicht nur erbaulich, was da im Gemütshaushalt so abgeht, oder? Die christliche Antwort des ewigen Lebens ist unserer Gesellschaft irgendwie abhanden gekommen, der pseudobuddhistische esoterische Reinkarnationsimport vermag auch nicht so recht zu überzeugen, afrikanischer Ahnenkult kommt für uns kaum in Frage, und so bleibt angesichts der in den Ahnen aufgerufenen Todesfrage nur ein Schulterzucken, oder eben Ignoranz. Wir sehen, Geschichtsignoranz hat tiefe Wurzeln – und katastrophale Folgen.

Nein, mit uns fängt das Leben nicht an. Wir führen lediglich weiter, was andere uns hinterlassen haben. Wir sind ein ‚Zwerg auf der Schulter eines Riesen', mehr nicht. Aber das reicht. Erst recht, wenn wir's gar nicht merken ...

Es war der Geschichtsverlust, der zur No-Future-Generation führte. Ohne Vergangenheit verlieren wir nämlich auch unsere Zukunft, sofern Zukunft heißt, selbst einmal für die künftige Generation zur Vergangenheit zu werden.

Was für Weltgeschichte im Großen gilt, gilt genauso für unsere individuelle Geschichte im Kleinen, und ebenso für die Geschichte unserer Beziehung. Auch Beziehungen haben ihre Vorgeschichte und diese Vorgeschichte behält ihren bleibenden Einfluss. Aus ihr stammen die Vorzeichen unserer Ehe, sie stiftet die Werte und die Überzeugungen, die unsere Ehe prägen, sie suggeriert die Erwartungen und Hoffnungen an unsere Ehe und sie provoziert die Schattenkämpfe in unserer Ehe. Ehe wir's merken, finden wir uns verwickelt in eine dialektische Mischung zwischen der Reproduktion *von* und Schattenkämpfen *mit* den Lebensentwürfen unserer Eltern und Schwiegereltern. Unsere Geschichtsignoranz aber verweigert uns chronisch den Durchblick in dieser Hinsicht.

Gott weiß, wie Leben funktioniert

Die Bibel Israels – unser Altes Testament – geht den beschriebenen Zusammenhängen an mehreren Stellen besonders deutlich nach. So kann man in den Texten zum Passahfest lesen:

„Wenn dich heute oder morgen dein Sohn fragen wird: Was bedeutet das?, sollst du ihm sagen: Der Herr hat uns [!] *mit mächtiger Hand aus Ägypten, aus der Knechtschaft geführt"* (2.Mose 13,14).

Dieses „uns" prägt das jüdische Passahfest bis heute. Der Vater erzählt die Geschichte vom Auszug Israels aus Ägypten und gebraucht dabei bewusst dieses „uns". Gott hat in den Vorfahren auch „uns" befreit. Auf diese Weise fallen Vergangenheit und Gegenwart in eins, die Geschichte wird gleichsam vergegenwärtigt. Das Erleben der Gegenwart ist nichts anderes als ein Wellenausläufer der Vergangenheit. Dies gilt nicht allein für Befreiungserfahrungen, sondern auch für Belastungen:

„Denn ich bin ein eifernder Gott, der die Missetat der Väter heimsucht bis ins dritte und vierte Glied an den Kindern derer, die mich hassen, aber Barmherzigkeit erweist an vielen Tausenden, die mich lieben und meine Gebote halten" (2.Mose 20,5f).

Unbeschadet der historischen Frage der Hintergründe und Bezüge dieser Verse auf das israelitische Verbot, Götzenbilder anzubeten[2], zeigen sie ein deutliches Bewusstsein für einen generationsübergreifenden Zusammenhang von *Fehlverhalten*. Bis ins ‚vierte Glied' hinein werden die Folgen von ‚Missetat' zu spüren sein. In der Eheberatung treten Phänomene auf, in denen sich Strukturen dieser alten Einsicht widerspiegeln.

Weil ein Großvater gewalttätig war, wuchs der Vater mit seelischen Verletzungen auf, die noch sein Sohn spüren konnte. Daher wurde dieser ein Softie. Immer, wenn Bud Spencers Prügelszenen auf dem Bildschirm erschienen, verließ er den

Raum. Er konnte sie nicht ertragen. Anschließend warf er *seinem* Sohn vor, sich ‚Schund reinzuziehen', was diesem wiederum die Freude am Familiensonntag restlos vergällte. Wütend zog er los und ließ seinen Frust woanders aus. Die Eltern gerieten regelmäßig in Streit über Erziehungsfragen. Darunter litt ihre Erotik ungeheuer. Ihr Sohn wurde Neonazi. Er war auf der Suche nach dem starken Mann.

In diesem Fall hatte die ‚Missetat' des Großvaters die Generation des Enkels erreicht. Die Aggression ‚vererbte' sich gleichsam von selbst und brach in der dritten Generation wieder hervor. Für diesen Wiederausbruch bleibt zwar der Sohn selbst verantwortlich, wie ein Blick in Hesekiel 18,20 zeigt:

„Der Sohn soll nicht tragen die Schuld des Vaters und der Vater soll nicht tragen die Schuld des Sohnes",

dennoch aber sind es aus der Familie vererbte psychologische Faktoren und Mechanismen, die sein Verhalten beeinflussen. Man könnte dies auch als ein psychologisches Wahrheitsmoment der sogenannten *Erbsünde*[3] ansehen.

Unsere Beziehungen fangen nicht mit sich selber an. Zwei Menschen bringen immer ihr ‚Erbe' mit, mit allen positiven, aber auch mit allen negativen Anteilen. Wir müssen's nur durchschauen – ehe wir mit Schatten kämpfen.

Ehe wir mit Schatten kämpfen

... sollten wir einen Sinn für Geschichte entwickeln

... sollten wir uns klarmachen, dass auch unsere Beziehung im Strom von Vorgeschichten steht

... sollten Sie die Erzählungen Ihrer Eltern und Großeltern nicht leichtfertig als ewig Gestriges abtun

Interessieren Sie sich für die Familiengeschichte Ihrer Frau / Ihres Mannes?

Haben Sie schon einmal gemeinsam Ihre Kindheit Revue passieren lassen?

Merke

Unsere Ehe fängt nicht mit sich selber an und unser Ehekonzept ist zunächst nichts anderes als ein vererbter Entwurf unserer Kultur, vor allem unserer Eltern –

oder dessen Ablehnung, die aber meist in ihren pubertären Kinderschuhen stecken bleibt

2. „Wenn ich groß bin, heirate ich dich“

Partnerwahl und Elternliebe

Begeben wir uns also auf die Reise in die Vorgeschichte unserer Beziehung[4]:

– Wie sah die Urerfahrung von Liebe in Ihrer Kindheit aus? Vergegenwärtigen Sie sich die frühesten emotionalen Erinnerungen Ihrer persönlichen Eltern-Kind-Beziehung.
– Welche Ähnlichkeiten zwischen Ihren Eltern und ihrem jetzigen Partner erkennen Sie, welche fundamentalen Unterschiede?
– Wie zeigte Ihr Vater seine Liebe, wie Ihre Mutter?
– Wer liebte wen wie?
– Wie war das Verhältnis zwischen lieben und geliebt werden?

Ihre Partnerwahl hat in aller Regel etwas mit Ihrem gegengeschlechtlichen Elternteil zu tun[5]. Die erste Liebe eines Mädchens ist ihr Vater, die eines Jungen seine Mutter. Mit ca. 5 Jahren – der von *Freud* ‚ödipal‘[6] genannten Phase – kann man Kinder sagen hören, wenn sie groß seien, würden sie ihren Vati bzw. ihre Mutti ‚heiraten‘.

Solche Pläne werden zwar normalerweise selten realisiert, dennoch verbirgt sich hinter diesem inzestuösen Phänomen eine bleibende frühkindliche Prägung.

Hier einige mögliche typische Muster:

– Die *Mutter* stellt die ‚erste Frau' im Leben eines Jungen dar, die er liebt, von der er geliebt wird und in deren Nähe er Geborgenheit erfährt, einschließlich entsprechender körperlicher Manifestationen. Die Still-Erfahrung wird besonders intensiv erlebt und es ist kein Zufall, dass der weibliche Busen aller Wahrscheinlichkeit nach seine Faszination für das männliche Gefühlsleben ein Leben lang nicht einbüßen wird. War diese Erfahrung beglückend, sucht er sie immer wieder, war sie es nicht, erst recht.
– Der *Vater* ist für das kleine Mädchen der ‚erste Mann', den es liebt, von dem es geliebt wird und in dessen Nähe es Schutz erfährt. Vom Vater niedlich gefunden und entsprechend angeschaut zu werden, prägt ihr erstes Selbstwertgefühl als werdende Frau. War diese Erfahrung beglückend, möchte sie ihr Leben lang so angeschaut werden, war sie es nicht, erst recht.
– Die Mutter macht ein Kind emotional *satt* (oder auch nicht). Der Vater macht es emotional *stark* (oder auch nicht).
– Das Mädchen lernt an seinem Vater die emotionale Option männlich = abwesend und entwickelt ein Grundlebensgefühl ‚Mangel', was später dazu führen kann, dass sie ihren Mann klammern wird.
– Der Junge lernt an seiner Mutter die emotionale Option weiblich = distanzlos und entwickelt ein Grundlebensgefühl ‚Enge', was später dazu führen kann, dass er seine Frau fliehen wird.[7]
– Das Mädchen wird den Jungen gegenüber ständig benachteiligt. Es lernt: Ich muss um Gleichberechtigung kämpfen!

So unterschiedlich solche Grundpositionen geschlechtlicher Prägung im Einzelfall erlebt werden, so vielgestaltig kommen sie bei der Partnerwahl zur Geltung. Hier einige grundlegende Einsichten:

a) Ihr Mann / Ihre Frau zeigt auffallende Ähnlichkeiten und deutliche Affinitäten zum realen gegengeschlechtlichen Elternteil

In diesem Falle könnte es zum einen sein, dass Sie in Ihrer Partnerwahl unbewusst die emotionale Qualität Ihrer Kinderliebe zur Mutter / zum Vater *wiederholen* wollen. Dieser Mensch ist Ihnen irgendwie vertraut, obwohl er fremd ist. Sie haben das Gefühl, sich schon ewig zu kennen. Dieser Mensch zeigt Verhaltensweisen und Charakterzüge, die ihnen nicht fremd sind. Wenn Sie sich diesem Menschen anvertrauen, kaufen Sie keine Katze im Sack, sondern buchen auf der richtigen Seite. Ihr Herz wittert unbewusst die garantierte Wiederholung einer emotional starken Kindheitsbeziehung. Das reicht. Ehe Sie's gemerkt haben, sind Sie über beide Ohren verliebt. Die Frage ist nur, in wen eigentlich: in den Mann oder in Ihren Vater, in die Frau oder in Ihre Mutter?

– Betrachten Sie sich gegenseitig, an Leib, Seele und Geist.
– Vergegenwärtigen Sie sich solche Ähnlichkeiten, von der Haarfarbe über den Tonfall bis hin zu Temperament und Weltanschauung.

Was und wie viel von Ihrer Mutter / Ihrem Vater entdecken Sie an Ihrem Gegenüber wieder? Schreiben Sie's einfach mal auf, Sie werden überrascht sein ...

Die Mutter-Frau- bzw. Vater-Mann-Affinitäten wären weiter

nicht erwähnenswert, solange die vermeintlich oder wirklich wiedererkannten Persönlichkeitsmerkmale des Anderen das auch halten, was sie offensichtlich versprechen. Ist dies der Fall, werden beide Ehepartner ihr *regressives Setting*, wie man die ständige Wiederholung von Kindheitserfahrungen auf neuhochdeutsch umschreiben könnte, still genießen. Schwierig wird's erst, wenn sich diese Erwartung als Illusion entpuppt, sei es, dass sich der Eine getäuscht hat, sei es, dass die Andere diese Rolle nun ganz und gar nicht spielen will. Im Streit kommt's dann manchmal unverblümt ans Tageslicht: „Bin ich deine Mutter, oder was?"

Ehepartner, die im Anderen unbewusst ihre Mutter bzw. ihren Vater sehen, kommunizieren ihm gegenüber häufig von der Ebene des Kindheits-Ich aus. Geht der Andere auf das Spiel ein und reagiert vom Eltern-Ich her[8], funktioniert das Ganze. Der männliche Indikator dafür lautet: „Frau, was soll ich anziehen?", der weibliche: „...den hellen Anzug, und dann komm!" Geht der Andere nicht darauf ein, wird die Kommunikation gestört: „Kannst du nicht einmal etwas alleine entscheiden!?" und schon schmollt das Kind im Manne. Oder andersherum. Sie sagt: „Hör mir doch endlich mal zu!" Er antwortet: „Ich hör' doch...", was ihn nicht hindert, weiter seine Zeitung zu lesen. Und schon fühlt sich das Kind in der Frau ungeliebt.

Die unbewusste Wiederholung ist aber nur eine Möglichkeit. Mindestens genauso häufig kommt es vor, dass Sie sich ins genaue *Gegenteil* Ihrer Mutter / Ihres Vaters verlieben. Sinn dieser Übung ist es, deren ungeliebte Charakterzüge zu überwinden. Vielleicht hatten Sie einen sehr strengen, ja autoritären Vater. Er bot Ihnen einerseits Sicherheit und Geradlinigkeit, anderseits aber schnürte er Sie auch ein. Immer durften die anderen mehr ... Für Ihre Partnerwahl nun stellt dieser

Sachverhalt ein gewisses Problem dar. Ein autoritärer Mann würde ein emotionales Unbehagen Ihrer Kindheit wiederholen, dem Sie doch endlich entfliehen wollen. Ein Softie-Typ aber würde Ihnen zwar genau diese lang ersehnte Freiheit verschaffen, wäre aber auf der anderen Seite irgendwie auch kein ‚richtiger Mann' für Sie, wie Sie ihn im Modell Ihres Vaters kennen gelernt haben. Die ‚Schmetterlinge' fehlen. Unweigerlich geraten Sie in eine paradoxe Gefühlszwickmühle: Sie werden nämlich den Mann, den Sie wegen seiner großen Toleranz lieben, gleichzeitig für seine Weichheit verachten. Wäre er aber stärker, provozierte er durch seine Stärke Fluchttendenzen bei Ihnen.

Ahnen Sie, dass sich hinter den elterlichen Schatten jede Menge emotionaler Sprengstoff verbirgt, mehr als uns im Allgemeinen bewusst ist? Betrachen wir eine weitere Möglichkeit:

b) Ihre Frau / Ihr Mann zeigt Affinitäten lediglich zu einem ‚Bild' vom gegengeschlechtlichen Elternteil

Dieser Fall tritt meist ein, wenn der entsprechende Elternteil real abwesend ist. In der Kriegsgeneration etwa gab es häufig idealisierte Väter. Die Mütter vermittelten ihren Töchtern ein verklärtes Bild des abwesenden, sich irgendwo in Lebensgefahr befindlichen Ehemannes. Die bedrohliche äußere Kriegssituation lenkte von bedrohlichen inneren Eheproblemen ab. Die Ehe wurde nicht im Modus des Miteinanderlebens, sondern im Modus des Aufeinanderwartens geführt. Man musste sich nicht auseinandersetzen, weil man bereits auseinandergesetzt war. Potenziell Negatives in der abwesenden Person wurde überschattet durch das faktische Negative des anwesenden Krieges. Die kleine Tochter wuchs de facto ohne Vater auf, verinnerlichte aber zugleich ein durch die Mutter entworfenes virtuelles Bild von einem Supermann, um den sie das Leben betrogen hat. Zur Frau geworden, wird sie ihr ganzes Leben lang in ihrem Mann diesen verklärten verlorenen Vater sehen bzw. suchen, ganz zum Leidwesen dieses Mannes, denn einem Ideal zu entsprechen gelingt den wenigsten. Menschliche Züge des real existierenden Ehemannes wird sie unbewusst immer wieder mit den übermenschlichen Zügen des irreal existierenden Vaters in Beziehung setzen.

Wer dabei verliert, ist klar. Was den meisten Ehemännern weniger bewusst ist: der daraus resultierende Zoff gilt – psychologisch betrachtet – gar nicht ihnen ...

Symbolisch verklausuliert begegnet dieses Motiv in der Märchenfigur der ‚bösen Stiefmutter'. Die Ersatzmutter muss eben immer schlechter sein als die verlorene reale Mutter. Der auf dem Hintergrund des verklärten Vaters bzw. der verklärten Mutter kritisierte Ehepartner wird unbewusst schlichtweg zur einer Art minderwertigem ‚Stiefelternteil'.

Eine Variation dieses Falles tritt ein, wenn der gegengeschlechtliche Elternteil zwar anwesend war, aber negativ erlebt wurde. Sein reales ‚Schlechtsein' war für das Kind unerträglich und wurde im Laufe der Zeit durch ein kompensierendes Bild ersetzt. Es konnte eben nicht sein, was nicht sein durfte. Die echte Erinnerung wird verdrängt, was sich in der Kultivierung einer infantilen Terminologie auch im fortgeschrittenen Lebensalter ausdrücken kann. ‚Papi' ist nicht wirklich eine passende Vokabel einer Fünfzigjährigen ..., oder?

c) Ihr Mann / Ihre Frau scheint ihrem gegengeschlechtlichen Elternteil diametral entgegengesetzt zu sein

Der Sohn einer exaltierten Mutter heiratet zur Überraschung des gesamten Freundeskreises eine ‚graue Maus'. Die Frau ist ruhig und wenig temperamentvoll. Sie spricht kaum, braust niemals auf, ja manch einem erscheint sie als langweilig, nur ihrem Mann nicht. Warum? Sein unbewusstes Motiv ist: „Die geht mir nicht laufen – mit der stehe ich nicht auf jeder Party alleine da – sie fällt mir nicht ins Wort – die stiehlt mir nicht die Show, sondern dient mir als Passepartout". Mit ihr umschifft er die befürchtete Wiederholung einer negativen Kindheitserfahrung, nämlich chronische affektive Luftnot. Er verliebt sich in sie, gleichsam als Therapie gegen ein Muttertrauma. Er brauchte nicht mehr, sondern weniger ‚Frau'. Hätte er allerdings die ‚Power' seiner Mutter als erfrischend statt als erstickend erlebt, hätte er sich vermutlich deren Kopie gesucht. Seine jetzige Frau wäre in diesem Falle chancenlos geblieben.

Denkbar sind auch Schwiegerfamilien übergreifende Projektionen:

d) Der Vater Ihrer Frau, die Mutter Ihres Mannes ist ein völlig anderer Typ als Ihr eigener Vater / Ihre eigene Mutter

Auf vielen Hochzeiten kann man folgende Stereotype hören. Die Brautmutter erhebt das Glas und startet eine Laudatio auf ihren Schwiegersohn. Zum geflügelten Wort avanciert ist der Satz: „Wir haben nicht nur eine Tochter verloren, sondern auch einen Sohn dazu gewonnen". Die Existenz solcher Stereotypen belegt ein Gespür des allgemeinen Bewusstseins für existenzielle Prioritäten, oder einfacher: einen untrüglichen Sinn für das, was wichtig ist. Für unser Thema nun ist die Umkehrung dieses Satzes interessant: ‚Du verlierst nicht nur deine Eltern, du gewinnst auch welche dazu'. Dabei kann der – auch hier wieder unbewusst ablaufende – Effekt eintreten, dass die Attraktivität des / der Erwählten zu einem guten Teil durch einen Elternteil verstärkt wird, der einen in der eigenen Familie vermissten Zug zur Geltung bringt[9].

Bürokratensohn heiratet Künstlertochter, um an der exaltierten Ersatzelternschaft einen vernachlässigten Anteil seiner eigenen Persönlichkeit zur Reifung zu bringen. Oder die Unternehmertochter heiratet den Sohn eines rüstigen Frührentners, um an dessen Präsenz endlich den anwesenden Vater im Vollzug zu erleben.

In diesem Fall ziehen sich nicht gleiche, sondern diametral entgegengesetzt defizitäre ‚Stallgerüche' an. Manchmal heiratet die Tochter einer emanzipierten Frau den Sohn einer klassischen Mutter. Die Andersartigkeit der Schwiegerfamilie wird mitgeheiratet, um selbst eine integriertere Persönlichkeit ausbilden zu können.

Die Liste möglicher Kombinationen ließe sich beinahe unendlich fortsetzen. In persönlichkeitspsychologischer und milieutheoretischer Hinsicht sind unzählige Variationen denkbar, von wärmster Geborgenheitserfahrung bis zur psychosozialen Katastrophe. Das Leben schreibt so viele Geschichten, wie es Menschen gibt. Wichtig ist, dass Sie miteinander *Ihre* Geschichte entdecken und die *Ihrer* Frau bzw. *Ihres* Mannes.

J. M. Gottmann stellt diesbezüglich zwei wertvolle Kriterien zusammen: Welche Eindrücke erregten Ihre größte Aufmerksamkeit in der Kennenlernphase und welche Anpassungen mussten Sie in Ihrem ersten Ehejahr vornehmen? Wenn Sie diesen Spuren folgen, werden Sie einiges Wichtige über Ihr Familienerbe lernen.[10]

Wer einen Partner wählt, wählt eben auch Probleme (*Dan Wile*)[11]. Wer sich aber für die Problematik des ‚Stallgeruchs' und der daraus resultierenden familiären Schatten seines Partners / seiner Partnerin nicht interessiert, für den wird schnell der Ehepartner selbst zum Problem. Bei starker Elternliebe gerät dieser nämlich unverschuldet in den Status des / der Geliebten. Er wird zur zweiten Wahl degradiert, weil die erste von Kindheit an vergeben ist. Eben dies gilt es zu durchschauen, ehe wir's nicht merken.

Ehe wir mit Schatten kämpfen

... sollten wir uns fragen, *was* uns an unserem Ehepartner besonders angezogen hat

... sollten wir uns klar werden über unsere persönliche Ur-Liebesbeziehung zu unserem gegengeschlechtlichen Elternteil oder zu dem ‚Bild', das wir von ihm haben

.... sollten wir unsere Schwiegereltern in Beziehung zu unseren Eltern setzen

Was schätzen Sie an Ihren Eltern, was wollen Sie hinter sich lassen?

Was erleben Sie an Ihren Schwiegereltern als Bereicherung, was als Belastung?

Merke

Der elterliche Stallgeruch gehört immer zum Dunstkreis unserer Ehe, gleichgültig, ob wir ihn suchen oder überwinden wollen

Es kann sein, dass ich mich in meine/n Frau/Mann verliebt habe, weil sie/er meinem gegengeschlechtlichen Elternteil ähnelt *oder* sie /er gerade das ersehnte Gegenteil von diesem ist

3. „Bei euch ist was los“

Wieso uns die Schwiegerfamilie immer mit heiratet

Im biblischen Buch Rut gibt es einen berühmten Vers, der zu den Favoriten unter den Trausprüchen zählt:

„Wo du hin gehst, da will ich auch hin gehen; wo du bleibst, da bleibe ich auch. Dein Volk ist mein Volk, und dein Gott ist mein Gott“ (1,16).

Unbeschadet der historischen Hintergründe dieser Novelle[12] wird hier eine Beziehungsgeschichte zwischen einer verwitweten Frau mit Namen Rut und ihrer ebenfalls verwitweten Schwiegermutter Noomi erzählt. Obwohl die Ehe Ruts zum Zeitpunkt der erzählten Handlung nicht mehr existiert, kommt ein für miteinander verheiratete Familien überlebensnotwendiger Aspekt dennoch schön zur Geltung. Die Moabiterin Rut will nämlich die Israelitin Noomi auf deren Rückkehr in ihre Heimat begleiten. Das setzte nicht nur einen Orts-, sondern auch einen Volks- und Glaubenswechsel voraus. Und genau dazu ist Rut bereit: *Dein Volk ist mein Volk...*

Es hat sich als sachdienlich erwiesen, in Traugesprächen neben geistlicher Grundlegung, liturgischer Gestaltung, formaler Regularien sowie Blumen- und Brautstraußfragen eben auch diese, für viele überraschende Themenbereiche anzusprechen:

– Wie stehen Sie zu Ihrer Schwiegerfamilie? Könnte sie zu ‚ihrem Volk‘ werden?

– Könnten Sie sich vorstellen, dass Ihr Mann einmal so wird wie sein Vater?
– Was löst der Gedanke in Ihnen aus, dass Ihre Frau einmal so werden könnte wie ihre Mutter?
– Welche Beziehung hat Ihr künftiger Mann heute zu seinen Eltern? Hat er „Vater und Mutter verlassen...", wie die Bibel empfiehlt (1.Mose 2,24)[13], und hat ‚Ihr Volk' zu seinem gemacht? Oder wird er das Bild seiner Mutter über dem Ehebett aufhängen?

Übrigens ein Phänomen, das nach einer neuen Studie auf freier Wildbahn wirklich begegnet: „Für viele Frauen hört die Liebe schon beim Anblick des männlichen Schlafzimmers auf. Herumliegende schmutzige Unterwäsche finden 83 Prozent der Frauen zwischen 19 und 39 Jahren abstoßend, wie eine Gewis-Umfrage ergab. Weitere ‚Lustkiller' sind das Foto der Mutter über dem Bett (68 Prozent)".[14] Zur erotischen Wirkung solcher Bonsai-Männlichkeit brauchen wir wohl weiter nichts notieren...

– Und Sie? Haben Sie ‚sein Volk' zu Ihrem gemacht, und wenn nein, warum nicht?

a) Kleinfamilie, Großfamilie

Fakt ist, die Herkunftsfamilien prägen unsere Ehe stärker als wir glauben. Sind Sie Einzelkind, Ihre Frau aber hat fünf Geschwister? Möglicherweise war es der für Sie exotische Stallgeruch der Großfamilie, der Sie aus Ihrer kleinbürgerlichen

Familieneinsamkeit ohne eigene Kinderwelt zu ganz neuen Ufern des Lebensgefühls getrieben hat. Dann wurden deren Geschwister auch Ihre Geschwister, zumindest hatten Sie das erhofft, dass ‚dein Volk' auch ‚mein Volk' würde. Was aber, wenn die Schwiegergeschwister eine gegenteilige Sehnsucht entwickelt haben sollten und froh waren, endlich das elterliche Trubelzentrum verlassen zu können? *Sie* suchen Geschwister, *jene* aber suchen endlich keine Geschwister. Dieser Stallgeruchkonflikt könnte sich widerspiegeln im endlosen ehelichen Streit um Art und Häufigkeit der innerfamiliären Besuche. Am Ende werden Sie sich gegenseitig Lieblosigkeit der jeweils anderen Familie gegenüber vorwerfen, was Ihre Beziehung belastet. In Wahrheit aber sind es lediglich zwei unterschiedliche Stallgerüche, die allergisch aufeinander reagieren. Auf diese Weise landen Sie im Zoff der Schattenkämpfe, ehe Sie's gemerkt haben.

Einen völlig anderen Verlauf nimmt die Sache, wenn Sie gar nicht bestrebt sind, Ihren Einzelkindstatus aufzugeben. Die eingeheiratete Fußballmannschaft empfinden Sie dann auf Dauer als lästig, denn sie wird Ihre egozentrische Narzissmuskiste nur im seltensten Fall mit kultivieren. Das werden Sie nur schwer bis überhaupt nicht ertragen, geht es doch immer zuerst um andere und nur sehr selten um Ihre wirkliche Priorität: Sie selbst.

b) Überhaupt keine Familie

Oder sind Sie mit nur einem Elternteil aufgewachsen, Ihr Mann aber mit beiden? Sind Sie womöglich eifersüchtig auf Ihre Schwiegermutter, weil Sie selbst immer eine Mutter vermissten und diese daher Ihrem Mann unbewusst neiden?

Scheidungswaisen
Das Thema Scheidungswaisen ist natürlich eine eigene Abhandlung wert, und derer gibt es bereits eine ganze Menge.[15] Wir stellen hier nur einige für unsere Fragestellung relevante Aspekte heraus. Zur Zusammensetzung unseres persönlichen Stallgeruchs gehört immer auch das *elterliche Ehemodell*. Das jeweilige Elternhausmodell speichert sich auf unserer seelischen Festplatte ab und wird unsere eigene Ehekunstfertigkeit steuern, sei es durch bewusste oder unbewusste Kopie, sei es durch bewusste oder unbewusste Abgrenzung. Nehmen wir unsere Eltern zum Vorbild, dann wird's gelingen, wenn wir aus einem ähnlichen Stall kommen. Problematisch kann's werden, wenn das gelernte Modell meiner Frau Äonen von meinem eigenen entfernt liegt. Schwierig wird's, wenn einer von beiden – oder gar beide – gelernt haben: eigentlich funktioniert Ehe überhaupt nicht. Genau dies aber ist bei Scheidungswaisen der Fall.

Scheidungskinder haben ihrerseits eine statistische Scheidungsquote von ca. 80%. Sie haben gelernt: Ehe funktioniert nicht in ‚guten wie in schlechten Zeiten', sondern höchstens in guten. In Krisen schlägt schnell das ‚Sammler-und-Jäger-Prinzip'[16] durch.

– Erwachsene schildern die Scheidung ihrer Eltern als unglücklichste Zeit ihres Lebens, als *Kindheitsverlust*, weshalb sie oft entweder ihre eignen Kinder verwöhnen oder sich komplett gegen Kinder entscheiden.
– Nach einer Scheidung kann das Kind leicht zum *Partnerersatz* für den weggegangenen Elternteil werden.[17] Solch einer Bindung ist emotional nur schwer zu entkommen, was für die spätere eigene Ehe einen zusätzlichen Störfaktor darstellt.
– Scheidung beeinträchtigt in der Regel die emotionale und

soziale Entwicklung. Heiraten zwei Scheidungswaisen, dann heiraten zwei ‚notreife Kinder'.
– Scheidungskinder bleiben häufig einem Schwarz-Weiß-Denken verhaftet. Der weggegangene Elternteil ist schwarz, da der andere weiß bleiben muss. Beim Ehekonflikt wird später der Partner schwarz sein, da ich selber weiß bleiben will. Dies wird konstruktive Problemlösungen mit allen ihren Facetten von Grautönen sowie der dazugehörenden Dialektik verhindern.

Workaholicwaisen
Beim Workaholicwaisen liegt der Akzent woanders. Er hat gelernt: Die Eltern dienen nicht in erster Linie ihrer Beziehung, sondern ihrer Karriere, und die emotionalen Prioritäten der Eltern liegen nicht in ihrer Familie, sondern in einer externen Aufgabe.

Wie sich dies in klassischer Familienkonstellation auswirkt, besonders für Mädchen, hat *M. Mary* ausgeführt: „Mädchen ... haben zu wenig Vater. Vater muss arbeiten. Und wenn er mal zu Hause ist, muss er ausspannen. Dann braucht er seine Ruhe, dann stört man. *‚Vater hat WICHTIGERES zu tun, als mit mir zu sein. Vater interessiert sich nicht für mich, er SIEHT mich nicht, ich bin es nicht wert, dass er sich Zeit nimmt, und wenn, dann ist es immer ZUWENIG. Auf ihn kann man sich nicht verlassen"* .[18] Die Folge ist: Das Mädchen macht in aller Regel die Stallgeruchserfahrung ‚Abwesender Mann': „Der Mann, den ich liebe, wird mich zu wenig wahrnehmen. Ich werde aufpassen und darum kämpfen müssen, dass er mich beachtet".[19]

Der zugrundeliegende Wirkmechanismus ist schlicht zu beschreiben. Die erste Liebeserfahrung eines Mädchens ist eine *Abwesenheitserfahrung* zum anderen Geschlecht. Der Mann verlässt, vernachlässigt seine Frau und seine Tochter. Dass dies häufig aus Sachzwängen geschieht, interessiert sie emotional wenig. Fakt ist: Vater ist nicht da. Als Frau erlebt sie künftig männliche Nicht-Präsenz als *Mangel* und wird Strategien entwerfen, diesem Mangel abzuhelfen. Der Sohn hat die Abwesenheit des Vaters zwar ebenfalls als Mangel erlebt, aber in anderer Hinsicht. Das Mädchen fühlt sich als *Frau* missachtet, der Junge als *Sohn*. Für seine künftige Rolle als Ehemann hat er die väterliche Abwesenheit als *Recht auf Freiheit* internalisiert. Das Mangelgefühl seiner Mutter hat er im seltensten Fall wahrgenommen, ein Fehler, den er seiner Frau gegenüber fortsetzen wird[20], und dadurch fatalerweise ihre Mangelerfahrung wiederholt, bestätigt und verstärkt.

Wir reproduzieren also in unserer Ehe immer wieder grundlegende Kindheitsmuster und Basiserfahrungen aus unseren Ursprungsfamilien. Das Verrückte ist: Bisweilen ist das Bedauerte (hier die männliche Abwesenheit) zugleich das Vertraute. Wir empfinden gewisse Haltungen und Strukturen, obwohl wir darunter leiden, dennoch irgendwie als ‚richtig'. Nun ist klar warum. Sie sind konstitutiver Bestandteil unseres persönlichen Stallgeruchs.

Echte Waisen

Bei echten Waisen tritt zur Mangelerfahrung häufig die Verklärung hinzu. Die Folge ist: Entweder sucht der / die Waise im Ehepartner ständig den verlorenen Elternteil, dann wird der Ehepartner chronisch überfordert, oder aber er / sie wird ständig vom verklärten Ideal her bewertet, was ihn a priori degradiert. In beiden Fällen bleibt er ohne Chance. Warum? Weil hier Schattenkämpfe stattfinden, ohne dass es bemerkt wird.

c) Patchwork-Familie

Sollten Sie aus einer Patchwork-Familie stammen, bringen Sie wieder andere Grunderfahrungen in Ihre Ehe ein. Ein nicht zu unterschätzender Faktor besteht in der möglichen *Tabuisierung* des abwesenden leiblichen Elternteils. Der Verklärung des Verstorbenen entspricht die virtuelle Tötung des Geschiedenen, zumal, wenn dieser die Familie verlassen hat. Hinzu kommt die Neukonstruktion eines künstlichen Familiengebildes, das keine echte Wahlverwandtschaft mehr ist, sondern eher einer Wohngemeinschaft oder einer Geschäftsbeziehung gleicht. Die in der neueren Eheethik propagierte ‚serielle Monogamie'[21] überträgt nolens volens den Konsumgedanken auf die Ebene von Liebesbeziehungen. Als wenn unsere Primärbeziehungen ernsthaft austauschbar sein könnten.[22]

Wie sieht's nun bei Ihnen beiden aus? Wird Ihnen deutlich, welche Rolle der ganz persönliche Stallgeruch in Ihrer Ehe spielt? Der Eintritt in den ‚gegnerischen Dunstkreis' ist unvermeidlich. Erinnern Sie sich noch an die Mengenlehre im Matheunterricht der 70er Jahre? Da gab's Teilmengen, Durchschnittsmengen, Restmengen etc. War gar nicht so dumm als Denkmodell. Die wichtigste Frage lautet nämlich: Wie sieht die gemeinsame Durchschnittsmenge Ihrer jeweiligen Stallgeruchsmengen aus? Und wie verhalten sich die Restmengen zueinander?

Die gemeinsame Suche nach Antworten auf diese Fragen wird Ihnen ‚Aha-Erlebnisse' ohne Ende verschaffen, denn Sie werden die Schatten erkennen, gegen die Sie kämpfen.

‚Dein Volk ist mein Volk' – die Familien heiraten eben immer mit ...

Ehe wir mit Schatten kämpfen

sollten wir

... uns die Grundkonstellationen unserer Ursprungsfamilien vergegenwärtigen

... die Kompatibilität unserer Urstallgerüche zueinander reflektieren.

... gemeinsam Rest- und Durchschnittsmengen bilden und den richtigen Riecher entwickeln

Merke

Es heiraten nie nur zwei Individuen, es heiraten immer auch zwei Stallungen

Wir stehen immer in einer inneren Beziehung zum Ehemodell unserer Eltern

Scheidungskinder haben gelernt: Ehe funktioniert gar nicht und falls doch, dann nur in guten Zeiten

Nicht alle Duftnoten passen problemlos zueinander

Kinder aus ‚Durchhalten-um-jeden-Preis-Ehen" ohne Gestaltungswillen haben gelernt: Ehe = Gefängnis = Nicht-Leben

Nur der richtige Riecher für Duftmarken schützt vor dem Verduften

4. „Nicht schon wieder“
Missglückte Elternerfahrungen

In Arztromanen und Groschenheften *endet* eine Liebesgeschichte häufig mit einer Hochzeit. Kritiker meinen, dies sei falsch, denn mit der Hochzeit *beginne* ja schließlich alles erst. Richtig ist beides. Kindheit, Jugend und Singledasein enden mit der Hochzeit und das verbindliche Leben zu zweit beginnt. Dennoch fangen wir nicht bei Null an, sind keine tabula rasa, keine unbeschriebenen Rohlinge. Nach 20-30 Jahren Leben, im Schnitt ein Drittel der durchschnittlichen Lebenserwartung, tragen wir bereits jede Menge familiäre Prägungen und Stallgeruchsduftnoten mit uns, besser *in* uns herum. Besonders unerledigte Probleme, neurotische Beziehungskonstellationen, alte Verletzungen und Traumata schleppen wir als Lebensgepäck mit in unsere Ehe, von der wir dann automatische Schmerzamnesie erwarten – dabei wäre bewusste Schmerzanamnese angesagt. Ein Arzt kann nur heilen, wenn er sein Handwerk versteht, d.h. diagnostisch zu analysieren und therapeutisch zu behandeln weiß. Symptome deuten ist das erste, Ursachen erkennen das zweite, intervenieren das dritte. Häufig wirken liebende Ehepartner nach vielen Jahren heilend aufeinander, aber so etwas bedarf der Zeit, der Gesprächsbereitschaft, des Zuhörens, des Interesses füreinander, der Kenntnisse und vor allem der Liebe, denn

„Hätte ich die Liebe nicht, so wäre ich nichts“ (1.Korinther 13).[23]

Zu Ihrer Liebe können wir mittels eines Buches wenig beitragen, wohl aber zu Ihren Kenntnissen. In den folgenden Kapiteln (4-9) präsentieren wir eine Auswahl typischer konfliktverursachender Familienprägungen, von uns so als ‚Schatten des Stallgeruchs' bezeichnet. Solche Schatten begleiten unsere Ehe ständig. Viele eheliche Konflikte, die sich an irgendwelchen nebensächlich erscheinenden Fragen entzünden, haben ihre Wurzeln in den familiären Prägungen. Erkennen wir diese nicht, kämpfen wir gegen Schatten. Zur Diagnose derartiger Schattenkämpfe dient folgende grundlegende Erkenntnis:

Ist die Wut oder der Schmerz eines Partners unverhältnismäßig stark und steht in übertriebener Proportion zum Auslöser, dann traf dieser auf die wunde Stelle einer Verletzung, die aus früheren Phasen der Biographie stammt, manchmal aus vorangegangenen Beziehungen, oft aber auch aus familiären Beziehungen, insbesondere aus der Beziehung zum gegengeschlechtlichen Elternteil.[24]

Ein Mann empfindet Anmerkungen seiner Frau immer als Vorwurf, ja bisweilen sogar als Angriff. Er fühlt sich gegängelt. Ohne Vorverletzung würde er höchstens unwillig reagieren. War aber bereits seine Mutter herrisch, nörgelnd und chronisch selbstwertverletzend, so wird er ganz anders – vordergründig völlig übertrieben – reagieren. Möglicherweise droht er mit dem Auszug oder macht ihn wahr. Die eigentlich harmlose Anmerkung seiner Frau löst unbewusst den Schmerz einer alten Verletzung aus. Seine für die Frau geradezu hysterisch erscheinende Reaktion gilt in Wahrheit seiner Mutter. Kennten die Ehepartner ihre gegenseitigen Verletzungsgeschichten, würden sie sich besser verstehen.

Es ist zwar nicht möglich, alle denkbaren konfliktträchtigen Konstellationen unterschiedlicher Stallgerüche aufzudecken, gibt es doch so viele Variationen wie es Menschen gibt, einige immer wiederkehrende typische Phänomene stallgeruchsmotivierter Ehekonflikte aber wollen wir als Anregung für Ihre eigene individuelle Fährtensuche im Folgenden darstellen. Es handelt sich im Wesentlichen um die symptomatischen Mechanismen des *Wiederholungszwanges* und der *Übertragung.*

Unter Wiederholungszwang und Übertragung verstehen wir die chronische, meist unbewusst ablaufende Aktivierung eines Kindheitsproblems innerhalb einer aktuellen vertrauten Beziehung, in der Hoffnung, es diesmal lösen zu können.

Vom Vater ungesättigt
Eine Frau sucht Hilfe in der Eheberatung und beschwert sich über ihren Mann, der sie ‚einfach nicht versteht'. Sie fühlt sich vernachlässigt und zu wenig beachtet. Ihr Mann zeigt sich durchaus willig, auf die Wünsche seiner Partnerin einzugehen, aber was er auch versucht und wie er sich auch bemüht, sie signalisiert nicht die geringsten Anzeichen einer aufkommenden größeren Zufriedenheit. Sie bewirkt damit entweder, dass er verzweifelt oder erschöpft, ausgelaugt und entnervt geht.

Was ist hier los? Woher kommt der anscheinend unstillbare Hunger dieser Frau? Eine Antwort finden wir im Stallgeruch. Als Kind wurde sie niemals emotional satt an ‚Vater'. Er beachtete sie kaum, wertschätzte sie wenig. Über der Kultivierung dieser Hungererfahrung hat sie niemals gelernt, sich altersgerecht selbst zu füttern und nun gleicht sie einem ausgewachsenen Vogel, der mit offenem Schnabel im Nest sitzt und auf die Fütterung durch ihren Mann wartet.

Aber was er auch beibringt, es bleibt immer zu wenig, nicht weil es objektiv wirklich zu wenig wäre, nein, sondern weil einerseits das ‚Sich-Ständig-Hungrig-Fühlen' zu ihrer unbewussten Grundhaltung geworden ist und anderseits ein ausgewachsener Vogel niemals mehr durch Fütterung allein satt

werden kann. Ihr Stallgeruch schlägt durch, bis ihr Mann die Nase rümpft und verduftet, denn ein liebender Mann, der fütternd immer nur Hunger produziert, wird langsam aber sicher an sich selbst verzweifeln. Liebt er seine Frau, gerät er in eine Art Sisyphusexistenz. Ist es mit der Liebe nicht so weit her, geht er. Für die Frau stellt sich also nicht die Frage: ‚Wie bringe ich ihn dazu, dass er mich endlich sättigt?', sondern ‚Wie löse ich mich aus dem übergroßen Schatten meines Vaters, um endlich erwachsen zu werden und selbst auf Nahrungssuche zu gehen?'

Naschereien kann ihr Mann natürlich dennoch bringen...

Übersteuernde Mutter
Ein Mann heiratet aus der „Verwöhnungsfalle"[25] (*A. Wunsch*) seiner Mutter heraus. In seiner Ehe erwartet er unbewusst die Fortführung dieser bequemen Hotel-Mama-Existenz von seiner Frau. Kennt die Frau aus ihrer Ursprungsfamilie eine ähnliche Rollenverteilung, so wird es vorerst nicht zum Konflikt kommen. Nach zwanzig Jahren aber wird sie vielleicht – legitimiert durch Emanzipationsgedanken und Selbstverwirklichungsparolen – aus Ehe und Familie ausbrechen in dem Bewusstsein, viel zu lange zu kurz gekommen zu sein. Springen bei ihr früher die Warnlampen an als in vorangehenden Generationen, so wird er jede von ihr ihm gegenüber nicht erbrachte ‚Dienstleistung' als Liebesentzug empfinden und entsprechend werten. Niemand liebt ihn eben so wie Mama. Dabei gehörte eigentlich nur die beliebte Verwechslung von ‚lieben' mit ‚verwöhnen' zu den etwas eingeschränkter attrak-

tiven Duftmarken seines Stallgeruchs. Erwachsenwerden wäre angesagt – aua, wo er doch nur ‚Mama + Sex' wollte ... Verweigert er seine Entwicklung, wird er allerdings anstelle seiner inneren Haltung lediglich seine Frau wechseln, auch eine Form von Veränderung.

Gestutzter Mann
Ein Mann wurde in seiner Kindheit emotional beschnitten. Wagte er es, Gefühle zu zeigen, wurde er verletzt. ‚Indianer weinen nicht', und wie die Giftmischungen alle heißen. Die Folge: Er zog sich bald in sein inneres Schneckenhaus zurück, das er kaum noch verließ. Hier war er zwar geschützt, zugleich aber starr vor Angst und unbeweglich. Getrieben von dem Versuch, endlich seine ungelebte Seite zu spüren, heiratet er eine emotionale, einfühlsame, leicht chaotische, liebenswerte Frau. Nach anfänglicher Verliebtheit beginnt er jedoch sie zu bremsen, zu kritisieren, zu beschneiden, zu demütigen, und zwar diesmal als *Subjekt* der Gefühlsknebelung, nicht mehr als Objekt wie damals, in seiner Kindheit. Er mutiert regelrecht vom Opfer zum Täter – ein nicht gerade seltenes Phänomen. Gesteuert wird er von der Angst um Machtverlust: Was er nicht kann, soll der Andere auch nicht dürfen. Er wächst nicht, also soll neben ihm auch nichts wachsen.

Dieses Phänomen ist bisweilen auch bei einer bestimmten Art von Rentnern zu beobachten, deren Gärten so zurechtgestutzt sind, dass sie jede Neubausiedlung übertreffen.

Totes ist eben leichter zu beherrschen als Lebendiges. Ein Stein bleibt liegen, wo ich will, ein Tier nicht und ein Mensch schon gar nicht. Nun darf ich meine Mitmenschen nicht töten, jedenfalls nicht wirklich. Deshalb vollzieht's der ‚gestutzte Mann' mental.

Bereits die Bergpredigt setzt sich mit diesem psychischen Phänomen auseinander. Jesus sagt dort: *Ihr habt gehört, dass zu den Alten gesagt ist: ‚Du sollst nicht töten' ... Ich aber sage euch: (Schon) wer seinem Bruder zürnt, der ist des Gerichtes schuldig... wer aber sagt: Du Narr!, der ist des höllischen Feuers schuldig* (Matthäus 5, 21f).

Dies ist die Geruchskomponente ‚Lähmen als Ersatzhandlung'. Die Frau wird entweder gehen oder eingehen, je nach eigener Biographie. In beiden Fällen wird sie paradoxer Weise die emotionale Fehlhaltung ihres Mannes ungewollt bestätigen, nämlich dass Leben, Fantasie und Gefühle seine Ehe zerstört hätten. So hat er den Todesschatten seiner Vergangenheit nicht besiegt, sondern mit dessen Hilfe seine Frau.

Psychologisch liegt hier derselbe Mechanismus zu Grunde, der Menschen zum Satanismus oder zur Horrorverherrlichung führt. Der gestutzte, schwache oder ängstliche Mensch projiziert seine Schatten auf eine dunkle Folie, um sich dann mit ihnen zu verbünden. Durch den Pakt mit der Bedrohung und deren Weitergabe steht er auf der richtigen Seite, die Bedrohung verliert ihre Macht und der ängstliche Mensch seine Angst.

In unserem Beispiel kann dieser fatale Mechanismus im Extremfall sogar bis zum Selbstmord der Frau führen. Im Stallgeruch war eine Giftmischung enthalten, die der Mann nicht verdaut, sondern wieder ausgespieen hat.

Gewalttätiger Vater
Eine Frau hatte einen gewalttätigen Vater. In ihrer Kindheit

wurde sie geschlagen – mit Worten oder mit Händen – und misshandelt. Was passiert bei der Partnersuche? Instinktiv heiratet sie einen gewalttätigen Mann. Warum? Sollte man nicht meinen, diese Frau würde alles daran setzen, um den Gegentypos zum Vater zu finden? Aber dem ist fataler Weise oft gerade nicht so. Der Grund: Ihre ‚inneren Alarmanlagen' funktionieren nicht. In ihrem Stallgeruch waren nämlich Liebe und Gewalt im Sinne klassischer Konditionierung in seltsamer Weise miteinander vermischt, ein Doppelduft, den wohl niemand nachempfinden kann, der ihn nicht selber mal in der Nase hatte. So heiratet sie in der irrationalen Hoffnung ihrer Kindheit, den Mann von der Gewalt heilen zu können. Sie hegt die unbewusste Hoffnung, durch Wiederholung ihres Kindheitstraumas genau dieses zu überwinden. Meistens geht's daneben, denn die Latte ihrer Frustrationstoleranz liegt sehr hoch, trainiert bis ins Extrem, und man braucht in der Regel professionelle Hilfe, um von diesem Schatten der Vergangenheit befreit zu werden.

Das Fachpersonal von Frauenhäusern verfügt auf diesem Gebiet über besondere Erfahrungen und Kompetenzen. Wenn Sie betroffen sein sollten, sollten Sie umgehend therapeutische Hilfe konsultieren – damit der Schatten nicht auch über Ihre Kinder fällt.

Klammernde Frau

Eine Frau beklagt sich über die Hobbyaktivitäten ihres Mannes. Sie vergällt ihm regelmäßig den ‚Spaß an der Freud'. Nach jeder Sportveranstaltung gibt es nächtelange Diskussionen, die sich bis zu Vorwurfsorgien steigern können. Ohne eine Vorverletzung würde sie um Ausgleich ringen. Sie aber hatte – wie oben gezeigt[26] – als Kind gelernt: ‚Männer gehen'. War ihr Vater ständig abwesend in ihrer Kindheit, sei es durch Arbeit, Tod oder Hobby, so wird sie nun ihren Mann klammern, einengen und ihm sein Hobby madig zu machen versuchen.

Möglicherweise stand solch ein Phänomen hinter der biblischen Weisheit: *„Ein zänkisches Weib ist wie ein ständig triefendes Dach..."* (Sprüche 19,13)

Unbewusst ist sie bestrebt, die Wiederholung der ‚väterlichen' Abwesenheit in ihrem Mann zu vermeiden und spielt die Karte *Übertragung*. Nach dem Motto ‚wehret den Anfängen' inszeniert sie Druck, denn sie hatte ja gelernt, von selbst bleibt er nicht. So erscheint jedes Hobby und jedes Interesse als Gefahr, Gefahr aber löst Angst aus und Angst macht aggressiv. Der gegenwärtig legitim abwesende Ehemann büßt sozusagen für den in der Vergangenheit offensichtlich illegitim abwesenden Vater. Ehe er's merkt, befindet er sich in einem Stellvertretungskonflikt, dessen Ursache ihm völlig schleierhaft ist, und der zu keinem Ergebnis führen wird. Liebt der Mann seine Frau, so wird er sich nach anfänglicher Gegenwehr geschlagen geben, sich aber gefangen fühlen, eingesperrt, traurig. Liebt er weniger, wird er gehen, was für die Frau wiederum der Beweis und die Bestätigung ihrer anfänglichen These ist: Männer gehen eben.

So verifiziert sich dieser Stallgestank selbst im Sinne einer sogenannten *self-fulfilling-prophecy*. Diese Frau hat sich nie vom Schatten ihrer Kindheit getrennt, sondern ihn mitgenommen, um ihn über ihrer Ehe aufsteigen zu lassen, bis es wieder dunkel wurde – und verlieh ihm dadurch eine Macht, die ihm wohl kaum zustand.

Gluckenmutter

Bei der Duftnote Gluckenmutter handelt es sich um eine Variation der Kreation *Übersteuernde Mutter,* nur mit dem kleinen aber entscheidenden Unterschied, dass hier der Mann allergisch reagiert und gerade *keine* Fortsetzung seiner infantilen Mutterbeziehung in seiner Ehe erwartet. Im Gegenteil, weibliche Zuwendung ist ihm grundsätzlich verdächtig und löst in ihm Aggressionen aus, denn er hat gelernt, seelisches Überleben ist nur möglich auf der Flucht vor seiner Mutter. Was war geschehen? Mutter hatte ihn ständig im Blick, Mutter schmierte ihm die Brötchen, Mutter packte bereits seine Koffer aus, bevor er richtig aus der Jugendherberge ankam, nur, um seine Wäsche zu waschen, sie bediente ihn bei Tisch, füllte seinen Teller, schnitt ihm sogar das Fleisch vor. Sie beantwortete grundsätzlich alle Fragen, die an ihn gerichtet wurden, sie kaufte seine Kleidung, kurz: sie ‚wusste am besten, was gut für ihn war'. Er aber sucht bald das Weite, entweder infiziert mit einer Hyperallergie gegen weibliche Fürsorge, was auch zur Homosexualität führen kann, oder aber er gerät in die Falle dieser familiären Duftnote, heiratet fataler Weise ein Duplikat seiner Mutter – weil ihm dieses Modell vertraut war, traut er sich ihm an –, und kann es schon bald nicht mehr ertragen. Er hatte gelernt: Um Luft zu kriegen, muss man Frauen fliehen[27]. Als Kind konnte er seiner Mutter keine Grenzen setzen, also entfernte er sich. Als Ehemann löst die – durchaus liebevoll gemeinte – Zuwendung seiner Frau irrationaler Weise genau dieses regressive Verhaltensmuster aus, weil sie auf eine alte Verletzung trifft. Also wird er wieder fliehen, gejagt vom Schatten seiner Mutter, ohne dass er's merkt.

So führen die Schatten der Vergangenheit häufig zu Kampfsituationen in der eigenen Ehe. Sie merken: Ehepartner sollten ihre gegenseitigen Stallgeruchsduftnoten kennen, besonders ihre Verletzungsgeschichten. Sie würden sich besser verstehen, wüssten ihre ‚Macken' relaxter zu nehmen. Haben Sie sich's nie erzählt, sollten Sie's bald nachholen, ehe Sie's nicht merken, wie schnell Sie Opfer von psychologischen Schatten-

kämpfen werden. Und das, obwohl sie sich doch eigentlich lieben...

Es geht hier um *Ganzheitlichkeit* in Sachen Partnerschaft. So wie ein Arzt eine vernünftige körperliche Diagnose nie ohne Kenntnis des psychosozialen Umfeldes eines Patienten stellen kann, so kann ich meine Frau / meinen Mann nicht lieben ohne die Kenntnis der zu ihr / ihm gehörigen Geschichte, wohlgemerkt: Kenntnis, nicht Vorwurf! In der Ökologie ist es ähnlich. Mallorca als Urlaubsparadies zu nutzen ohne die Voraussetzungen und die Bedürfnisse der Insel zu kennen, führt zur Katastrophe. So schnell sind sinkende Grundwasserpegel nämlich auch mit der Ökosteuer nicht zu sanieren.

Übrigens ist es durchaus von Vorteil, wenn man seine Schwiegerfamilie gut kennt, *bevor* man einheiratet. Dann wird nämlich ‚dein Volk' viel leichter auch zu ‚meinem Volk' (Rut 1,16).

Ehe wir mit Schatten kämpfen

... sollten wir Beziehungskonflikte auf ihre Stallgeruchsfaktoren hin befragen

... sollten wir bei regelmäßigen, unverhältnismäßig erscheinenden Reaktionen unseren Stallgeruchssinn aktivieren und die zugrunde liegenden Duftnoten analysieren

... sollten wir uns fragen, wie und warum hätte mein / dein Vater, meine / deine Mutter reagiert?

Merke

Traumatische Beziehungskonstellationen werden oft unbewusst *wiederholt*, weil sie vertraut sind und man sich von der Wiederholung die endgültige Lösung verspricht

Unverarbeitete Stallgeruchskonflikte werden leicht auf den Ehepartner *übertragen* und als Schattenkampf ausgefochten

5. „Dann heirate doch deinen Bruder!“
Familienkonkurrenz

Nicht nur die Beziehung zum gegengeschlechtlichen Elternteil wirkt sich das ganze Liebesleben lang aus, relevant erscheinen auch die weiteren Personen der Herkunftsfamilien:

Schattenkampf mit den Geschwistern
Eine Frau, die sich in ihrer Kindheit immer wieder von ihrem älteren Bruder zurückgesetzt fühlte, heiratet einen Ältesten von drei Geschwistern. Sein Auftreten und seine Souveränität hatten doch so anziehend auf sie gewirkt. Bald jedoch fühlt sie sich von ihm gegängelt. Immer sagt er, wo's langgeht. Immer behält er das letzte Wort. Ein Machtkampf beginnt, dessen Heftigkeit und Intensität auf Stallgeruch schließen lassen. Sie erträgt nicht mehr den zweiten Platz, darunter litt sie ja bereits unter ihrem Bruder, ihr Mann aber gibt den ersten nicht her, er trainierte ihn von Kindesbeinen an. Ihm gefiel die dominante Rolle, sie will sich von ihrer Subdominanz endlich befreien. Ihre Wut gilt – psychologisch betrachtet – ihrem Bruder, zielt jedoch im Modus der Übertragung auf ihren Mann, der allerdings dieses Gebaren der ständig zu kurz Gekommenen nicht verstehen und schon gar nicht nachvollziehen kann. Beide müssten ihren Stallgeruch durchschauen, die Waffen niederlegen und ein Kapitel Gleichberechtigung lernen – wenn sie es denn wollen.

Schattenkampf um die eigene Jugend
Was Mike Krüger in ‚Sieben Tage – Sieben Köpfe' leiden-

schaftlich persifliert, ist leider allzu oft bittere Realität: die ‚fürchterliche Kindheit'...

Wir denken an eine um ihre Jugend betrogene Frau. Ihr Vater gehörte zu dem Modell ‚abwesend', ihre Mutter war psychisch gestört. Sie litt an einer schweren Sucht und drohte immer wieder mit Selbstmord, der auch irgendwann gelang. Ihre älteste Tochter war gerade sechzehn Jahre alt und musste nun in der Familie die Rolle der Mutter übernehmen und für ihre beiden jüngeren Brüder da sein. Der Mann, den sie heiratete, zeigte gewisse Affinitäten zu ihrem Vater. Wie dieser verlegte er seinen Lebensschwerpunkt außerhalb der Familie und überließ sowohl die Ehepflege als auch die Erziehung ihrer gemeinsamen Kinder seiner Frau. Ihre beiden Töchter verwöhnte sie unsäglich, setzte kaum Grenzen, denn sie sollten es besser haben als sie selbst. Die Kindheit ihrer Kinder sollte unbeschwert verlaufen. Guten Willens wollte sie einen alternativen Stallgeruch produzieren. Die Sache misslang. In der Pubertät traten Teenagerprobleme über das Normalmaß hinaus auf. Schuld war natürlich aus ihrer Sicht ihr Mann. Er hatte sich zu wenig gekümmert, er hatte sie allein gelassen – wie ihre Eltern damals, ihre Mutter innerlich, ihr Vater äußerlich.

Dabei lebten, systemisch betrachtet, ihre stark pubertierenden Töchter lediglich ihre eigene, verdrängte Jugend in gewissem Sinne ‚stellvertretend' für ihre Mutter aus. Zu erkennen ist das daran, dass deren Augen leuchten, wenn sie über ihre Kinder stöhnt...

Die Frau begann ihren Mann zu hassen, ja zu verachten. Schließlich verdankte sie ihm ihr verpfuschtes Leben. Er nahm keine Rücksicht auf sie. Er hatte ihr solche Kinder beschert. So bekam ihr Mann die volle Wucht ihrer ungelebten Jugend mit und verstand die Welt nicht mehr. Er hatte doch immer soviel gearbeitet und geschuftet, um seinen ‚drei Frauen' ein sorgenfreies Leben zu bieten – und nun solche Undankbarkeit. Die Duftnoten seines Stallgeruches lagen ganz woanders. Aus seiner Herkunftsfamilie kannte er Geldsorgen und genau die wollte er seiner Familie nicht zumuten, wollte es besser machen und hatte es schließlich zu einigem Wohlstand gebracht.

Was kämpft hier mit wem? Es kämpft der Schatten der Überforderung und der verlorenen Jugend der Frau mit dem Schatten der Existenzangst beim Mann. Sie hätte seine Anwesenheit gebraucht, er ihre Wertschätzung. So aber entpuppte sich ihre Ehe für beide als ein Minusgeschäft. Ihre Wunden heilten nicht, sondern wurden chronisch.

Schattenkampf mit den jüngeren Geschwistern
Ein Mann sucht die Eheberatung auf und beklagt sich über seine Frau und deren Umgang mit den Kindern. Bald wird klar, dass seine Frau und die beiden Kinder eine psychische ‚Alltags-Triade' bilden, die der Mann als verdienender Satellit umkreist[28]*. Sie und die Kinder bilden eine Lebensgemeinschaft, er bleibt draußen vor. Wird er in der Erziehung aktiv, etwa in Form von Anweisungen, wird erst die Bestätigung bzw. Verweigerung der Mutter eingeholt. Wünsche an seine Frau wurden regelmäßig zurückgewiesen mit der Parole: Zuerst die Kinder (die bereits Teenager waren). Betrat ein Kind den Raum während er mit seiner Frau sprach, wandte sie sich sofort ab und behandelte ihn wie Luft. Nach sechzehn Jahren Triadenmafia hatte er soviel Wut und Frust angestaut, dass er seine Familie verlassen musste, um Schlimmeres zu vermeiden. Denn er hatte inzwischen vor sich selbst Angst bekommen, besonders nachdem er eines nachts davon geträumt hatte, seine Frau und seine Kinder zu ertränken. Noch war nichts passiert, aber er lebte auf einem Pulverfass, soviel war ihm bewusst.*

Welche Schatten wirken hier? Die Mutter dieses Mannes war früh verstorben und sein Vater heiratete wieder. Kurz darauf bekam er Stiefgeschwister. Seine ‚neue Mutter' bevorzugte ihre leiblichen Kinder unübersehbar. Sein Vater sagte nichts dazu. Der Sohn lernte: Ich stehe außen vor und niemand hilft mir. Gerne hätte er dazu gehört, aber es blieb ihm nur, seinen Schmerz zu verringern, indem er mit 16 Jahren sein Elternhaus verließ.

Exakt dasselbe Setting wiederholt sich nun in seiner eigenen Familie. Zunächst war er hilflos und fühlte sich allein. Im Verhalten seiner Frau wiederholte sich für ihn sein Kindheitstrauma. Wiederum nach 16 Jahren sah er nur noch den Ausweg, aus seiner Familie auszubrechen. Wie den Kampf mit den jüngeren Geschwistern damals, so hatte er nun den Kampf mit seinen Kindern verloren. Er hatte in zwei Ställen dasselbe Geruchsempfinden. Dabei verstärkte sich die Intensität der aktuellen Erfahrung durch die Aktivierung des mitgebrachten Traumas. Das war zuviel für ihn.

Schattenkampf um Wertschätzung
Ein Mädchen wuchs mit drei älteren Brüdern auf. Sowohl von ihren Eltern als auch ihren Brüdern wurde sie abgöttisch geliebt. Ihr wurden alle Steine aus dem Weg geräumt und sie wurde auf Händen getragen. Sie lebte sozusagen mit Fangnetz. Wollte sie ein neues Kleid, bekam sie es. Brauchte sie Nachhilfe, bekam sie welche. Als sie einen Hund wollte, schafften die Eltern ihr einen an – und gingen selbst mit ihm Gassi. Als sie studierte, bezahlten die Eltern ihr eine eigene Wohnung, natürlich mit Auto – sponsored by Daddy. Kam sie nicht klar, wurden ihr neue Wege eröffnet. Alles war immer o.k. Abverlangt wurde ihr nichts. Sie war halt die kleine, hübsche aber letztlich zu nichts fähige Prinzessin. Ihr Lebensinhalt bestand einfach darin, dass sie da war. Aber echte Bestätigung

erfuhr sie nie. Sie wirkte mit ihrem hübschen Gesicht, ihrer Person aber wurde nichts zugetraut. Können konnte sie nichts, schon gar nicht ohne Hilfe. Den Haushalt musste die Mutter führen, später die Haushälterin. Geld musste ihr Mann verdienen. Hustete ein Kind, ging's sofort zum Arzt etc. Die verwöhnte Prinzessin lebte auf diese Weise in aggressiver Langeweile.

Wie aber sah es in ihrer Ehe aus? Nach den ersten ‚Schmetterlingen' begann schnell gegenseitige Verachtung zu wachsen. Ihr Mann lernte, hinter ihre Maske zu schauen und wurde regelrecht *ent*-täuscht über das, was dort zum Vorschein kam: eine verwöhnte Rotzgöhre. Dummer Weise war sie finanziell abhängig von ihm, dafür hasste sie ihn, obwohl sie ernsthaft keine Alternative zur Abhängigkeit hatte. Als er sie ‚erkannte', fühlte sie sich gedemütigt. Es ist eben kein schönes Gefühl, in den Lichtkegel der Wahrheit zu geraten.

Therapeuten stoßen immer dann auf besonderen Widerstand ihrer Klienten, wenn sie an den ‚Nerv' gekommen sind und eine mit viel Seelenkraft errichtete Verdrängung entlarven. Ein ähnliches Phänomen findet sich bereits im Neuen Testament. Die Bergpredigt zeigt, dass die Potenz zum Bösen bereits vor jeder Tat im Menschen wirkt (Matthäus 5-7), am Jakobsbrunnen konfrontiert Jesus mit einem Röntgenblick eine Frau mit ihrer wahren psychosozialen Wirklichkeit (Johannes 4). So verfolgen Therapie und Glaube ein gemeinsames Ziel in dem Wissen: nur *„die Wahrheit wird euch freimachen"* (Johannes 8,32).

In ihrem unsinnigen Versuch, sich zu erheben, verletzte und demütigte sie ihn. Ein Teufelskreis begann. Er suchte verzweifelt die hübsche Prinzessin, in die er sich verliebt hatte, sie warf ihm seine schnelle Entdeckung vor und sehnte sich zurück in ihre Kindheit. Je mehr der eine dies tat, desto mehr tat der andere das. Beide waren nicht bereit, aus diesem Kreislauf auszubrechen und verweigerten sich somit ihre eigene Weiterentwicklung zu Autonomie und Reife, denn beide rangen mit Bildern aus vergangenen Tagen, die inzwischen zu echten Schatten geworden waren, ohne dass sie es gemerkt hatten.

Schattenkampf um Daseinsberechtigung
Ein Mann klagt in der Eheberatung über die abnehmende Liebe seiner Frau. Diese weist den Vorwurf vehement zurück und zeigt sich völlig überrascht. Woher diese Gewissheit ihres Partners rührt, kann sie sich nicht erklären. Im Laufe der Beratung wird klar, dass der Auslöser für den Eindruck des Mannes in seiner Arbeitslosigkeit zu suchen ist. Finanziell ist die Familie durch die Frau abgesichert. Das aber drückt auf sein Selbstwertgefühl. Er kann sich mit dieser Situation nicht abfinden und wirft ihr Liebesverlust und Kälte vor.

Welche Duftnoten dünsten hier aus? Der Mann war von seinen Eltern unerwünscht. Als seine Mutter mit ihm schwanger wurde, befanden sich die Eltern gerade im Aufbau ihres Geschäftes. Die Schwangerschaft kam also äußerst ungelegen. Als der kleine Junge da war, wurde er zwar durchaus geliebt, aber zugleich spürte er: „Eigentlich störe ich". Er wollte geliebt werden wie jedes andere Kind auch, aber das Lebensmotto seiner Eltern war ‚Leistung'. Sprachen die Eltern über dritte, dann bewerteten sie diese nach ihrer vermeintlichen Leistung. Ihre Religion hieß ‚schaffe, schaffe, Häusle baue'. Er erhielt großes Lob für gute Schulnoten, für schlechte wurde er bestraft. Sprachen die Eltern über ihren Sohn, stellten sie regelmäßig seine Fähigkeiten und Erfolge heraus. Er war ein guter Schüler, spielte zwei Instrumente, etablierte sich sportlich, studierte bis zur Promotion mit summa cum laude. Seine Eltern waren mächtig stolz auf ihn.

Was aber hatte er gelernt? Welche Duftnote hatte er in der Nase? Sozusagen mit der Muttermilch eingesogen hatte er die Marke ‚Daseinsberechtigung definiert sich ausschließlich über Leistung'. Daraus schloss er, auch Liebe und Leistung bilden ein Paar. Also war die Sache klar: Als Arbeitslosen *konnte* ihn seine Frau gar nicht lieben, ganz gleichgültig, was sie als Schutzbehauptung vorbrachte. Er befand sich auf einer gefährlichen Lebensbahn. Ohne Frage ist Leistung wichtig, aber sie macht nicht den Wert eines Menschen aus, zumal aus christlicher Sicht[29]. Außerdem ist der Wille zur Leistung nicht identisch mit Leistung. Ohne Kurskorrektur wird er auf Herzinfarkt, Depression und innere Leere zusteuern. Dieser Schatten der Vergangenheit ist äußerst hartnäckig, aber Arbeitslosigkeit, Krankheit und andere Krisen bieten eine Chance zur Werteverschiebung und Neuorientierung.

Schattenkampf mit der verlorenen Kindheit: Alkoholismus der Eltern

Die scheinbare Impotenz des Mannes führt ein Ehepaar in die Beratung. Medizinische Ursachen waren abgeklärt, und beide liebten sich. Nach kurzer Zeit zeichnen sich die Konturen ihres Problems ab. Die Frau, auffallend attraktiv, war Zeit ihres Lebens sehr unselbständig. Ihr Mann regelte so gut wie alles. Er brachte das Geld rein, kümmerte sich um die Finanzplanung und um den Hausbau und erledigte obendrein noch nach Feierabend liegengebliebene Hausarbeit. Auch um die Erziehung der drei Mädchen hatte er sich nie gedrückt. Seine Frau fiel durch eine Depression immer wieder aus. Genau dies aber kannte er bereits von zu Hause. Seine Eltern waren beide alkoholkrank und mittlerweile verstorben, so dass er sich früh um seine jüngeren Geschwister kümmern musste. Da beide Eltern nicht immer – aber immer öfter – ausfielen, war er gezwungen, Familienentscheidungen zu fällen. Er musste das Steuer in die Hand nehmen und wurde genau darin „um seine Kindheit betrogen"[30]*. Kind sein konnte er kaum noch bis gar nicht mehr. Seine Kindheit und seine Jugend waren überschattet vom Alkoholismus der Eltern, den er auch noch nach außen verdecken zu müssen meinte. Auf diese Weise schaffte er es, das Familienschiff über Wasser zu halten. Der Preis: seine Jugend. Er verliebte sich in eine junge, hübsche Frau. Ihre Hilflosigkeit übte einen starken Reiz auf ihn aus und aktivierte seine erlernte und mittlerweile internalisierte Rolle. Seine Frau lehnt sich an ihn an, weckt seinen Beschützerinstinkt und beide sind im siebten Himmel. In der Sturm- und Drangzeit läuft ihre Sexualität herrlich und beide erleben sie als beglückend. Ihre drei Kinder werden geboren, die Frau aber zieht sich immer wieder in eine Depression zurück und lässt ihren Mann das Schiff alleine steuern. Mit Hilfe einer sehr guten und gelungenen Therapie beginnt die Frau, eigene Defizite aufzuarbeiten. Allmählich wird sie selbständiger, belastbarer und beginnt wieder, da die Kinder mittlerweile ‚aus dem Gröbsten' sind, in ihrem Beruf als Ärztin zu arbeiten. Genau zu diesem Zeitpunkt beginnen die Potenzprobleme ihres Mannes.*

Was war los? Plötzlich musste er das Schiff nicht mehr alleine steuern. Die Finanzierung des Projektes ‚Familie' lastete nicht mehr allein auf seinen Schultern. Endlich konnte er loslassen und durchatmen. Auf diese neue Rolle aber war er nicht vorbereitet, sie hatte er nicht gelernt. Gelernt hatte er das Gegenteil: Steuermann. Und nun sollte, konnte, durfte er Teamer werden. Das Kind in ihm witterte seine Chance. Endlich nicht mehr erwachsen sein müssen, endlich Verantwortung ablegen können, endlich unbeschwert einfach da sein können, endlich nicht ‚immer Mann sein müssen'... Es vollzog sich eine Art Auferstehung der verlorenen Kindheit. Der Preis: ein Kind hat keine Sexualität wie ein Mann. Ein Kind braucht nicht immer zu stehen, es muss nicht ‚seinen Mann stehen', ja es kann gar nicht stehen ‚wie ein Mann'. Genau dies war seine Impotenz, sein seelisches Problem hatte sich somatisiert, drückte sich durch körperliche Symptome aus. Der Schatten seiner nicht gelebten Kindheit war aufgezogen, hatte sich auf den erwachsenen Mann gelegt und der hatte jetzt einen regelrechten ‚Durchhänger'[31].

Entscheidend an dieser Erkenntnis ist: Dieser Durchhänger hatte gar nichts mit der Liebe zu seiner Frau zu tun. Er hatte überhaupt nur indirekt mit ihr zu tun. Denn dadurch, dass sie erstarkte, konnte er (endlich) auf das ‚Kind im Manne' hören. Erkennbar wurde dieser ganze Zusammenhang erst durch die Analyse des familiären Stallgeruchs. So geraten Ehepaare nicht selten in Schattenkämpfe mit dem Geist von Eltern und Schwiegereltern. Sie sehen: Es lohnt sich, jeder einzelnen Duftnote nachzuschnuppern. Darauf wollen wir Sie aufmerksam machen, ehe Sie's nicht merken...

Ehe wir mit Schatten kämpfen

... sollten wir uns vergegenwärtigen, welche familiäre Duftnoten auf den Themen Geschwister, Wertschätzung, Pubertät, Daseinsberechtigung und evtl. der ‚verlorenen Jugend' liegen

Wo und bei welchen Themen reagieren wir besonders gereizt und werden an alte Konflikte erinnert?

Wo und bei welchen Themen reagieren wir besonders gereizt und werden *nicht* an alte Konflikte erinnert?

Merke

Übermäßige und unverhältnismäßig erscheinende emotionale Reaktionen in Konfliktsituationen weisen meist auf Übertragung oder Wiederholung aus der Kindheit hin

6. „Wie kann man nur!?“
Unterschiedliche ‚Stallgerüche‘

Im letzten Kapitel haben wir exemplarisch gezeigt, inwiefern gelernte Muster uns heute immer noch beeinflussen, meist durch Wiederholung und Übertragung. Aber die Duftnoten unseres Stallgeruchs wirken sich keineswegs nur innerhalb von Partnerschafts*konflikten* aus, sondern ebenfalls in allen übrigen Bereichen unserer Beziehung. Riechen zwei nach demselben Stall, empfinden sie sich als seelenverwandt, riechen sie nach unterschiedlichem Stall, fasziniert das Fremdartige

– Handelt es sich um *komplementäre* Faktoren, wird das Fremde eher als bereichernd (Gegensätze ziehen sich an) erlebt. Das Reizvolle am Anderen kompensiert ein eigenes Defizit.
– Handelt es sich um *symmetrische* Faktoren[32], wirkt eher die Vertrautheit (gleich und gleich gesellt sich gern). Das Reizvolle am Anderen bestätigt etwas Eigenes.

Betrachten wir die wesentlichen Faktoren:

a) Das äußeren Bedingungen des Lebens

Wohnsituation
Die elterliche Wohnsituation soll etwas mit meiner Ehe zu tun haben, fragen Sie? Sehr wohl, das hat sie. Nehmen wir an, Sie stammen aus einer kleinen Wohnung. Möglicherweise besaßen sie noch nicht einmal ein eigenes Zimmer. Ihre Frau / Ihr

Mann aber stammt aus einen großzügigen Anwesen, mit Garten, vielleicht mit einem Swimmingpool.

Als Sie sich anfänglich besuchten, was haben Sie empfunden? Vermutlich empfand der Hausbewohner die Wohnung als eng, der Wohnungsmensch das Haus aber als luxuriös. Als emotional ‚richtig' werden wir in dieser Hinsicht immer das empfinden, was wir gewohnt waren, die eventuelle Umstellung dagegen entweder als Auf- oder als Abstieg.

Berichten Sie sich gegenseitig von Ihren damaligen Eindrücken, sofern Sie sich erinnern. Warum? Weil es sein könnte, dass ein gutes Stück Lebensgefühl an Ihrer heutigen gemeinsamen Wohnsituation hängt. Möglicherweise hat es mit Ihren Berufs- und Finanzplänen nicht so geklappt und Sie müssen nun wieder in einer kleinen Wohnung leben. Ihnen macht dies nichts aus, aber Ihr/e Partner/in bekommt keine Luft. Oder es hat geklappt, der ‚aufsteigende' Teil freut sich und ist stolz auf seinen persönlichen Fortschritt – den aber der Andere gar nicht als solchen empfindet, denn für ihn spielt sich nach wie vor alles im normalen Bereich ab –, und dennoch steckt ein Unbehagen in der neuen Situation: der große Garten, die viele Arbeit, die hohen Kosten, die ewigen Reparaturen und zum Tapezieren muss man Urlaub nehmen ...

Wie war die *Einrichtung* zu Hause? Liebevoll nestartig, oder streng zweckmäßig? Möchte Ihre Frau vielleicht deshalb so viele Bilder in der Wohnung aufhängen, weil sie als Teenager Poster in ihrem Zimmer verboten bekam? Und hassen Sie vielleicht Bilder, weil Ihre Eltern so fürchterlichen Kitsch an der Wand hatten, um einen unterprivilegierten Komplex der Kulturlosigkeit zu kompensieren? In diesem Falle lautet Ihr Streit: ‚Du mit deinem Geschmiere', und: ‚Du Kunstbanause, hast keinen Geschmack'. Erinnern Sie sich, anstatt zu streiten, an die elternhäuslichen Duftnoten, Sie werden vieles besser verstehen.

Wie wurde das Verhältnis von *Nähe* und *Distanz* in Ihren Herkunftsfamilien dosiert? Hatten Sie ein eigenes Zimmer? Konnten oder mussten Sie abschließen? Klopften die Familienmitglieder an oder standen sie plötzlich auf der Matte, auch wenn Sie gerade im Begriff waren, sich umzuziehen?

Wie hielt es Ihre Mutter mit Ihrer *Intimsphäre*? Konnten Sie Ihre Schultasche inklusive pubertärer Liebesbriefchen und sonstigen für Eltern ungeeigneten Teenagerutensilien offen in Ihrem Zimmer liegen lassen, oder mussten Sie befürchten, dass die Eltern alles gelesen hatten, wenn Sie nach Hause kamen? Konnten Sie einfach mal telefonieren, oder gab's im Anschluss daran immer das gehasste ‚Wer-war-das-denn-schon-wieder-Verhör?' War die Distanzfähigkeit in Ihrem Elternhaus sehr ausgeprägt, im Schwiegerelternhaus dagegen gar nicht vorhanden, brauchen Sie sich nicht wundern, wenn Ihr Partner Ihre internalisierte Achtung vor der Intimsphäre als Desinteresse erfährt, Sie aber deren / dessen Neugier als ständige Grenzüberschreitung empfinden. Die eigene Duftnote löst paradoxer Weise im Gefühlshaushalt des Anderen das jeweilige Gegenteil der von Ihnen erwarten Reaktion aus, und schon können Sie sich nicht verstehen – weil Sie sich in Wahrheit (noch) gar nicht (ganz) kennen.

Geld
Ein erheblicher Anteil an Ehekrisen und -konflikten entzündet sich am lieben Geld. Heiraten zwei Begüterte, passt's. Heiraten zwei weniger Begüterte, passt's auch, es sei denn, der Eine will daran was ändern, der andere aber nicht – auch ein Punkt, über den man vor der Trauung reden sollte. Heiratet ein Wohlhabender eine weniger Wohlhabende, aktiviert er unter Umständen Richard Geres Märchenprinz-Faktor in ihrem Herzen. Heiratet ein weniger Finanzstarker eine Wohlsituierte, zweifelt sie möglicherweise in Zeiten der Krise an der Aufrichtigkeit seiner Absichten. Grundsätzlich gilt hier dasselbe wie in der Wohnungsfrage. Der eine empfindet ständig Geld zu haben als völlig normal, die andere ständig kein Geld zu haben.

Wichtiger noch als die *Quantität* der gewohnten Finanzmittel aber ist die persönliche *Bedeutung*, die diese für uns haben:

– War bei Ihnen zwar immer Geld da, es war aber niemals wirklich Thema?
– War in Ihrer Schwiegerfamilie zwar niemals Geld da, dafür aber, oder gerade deswegen, ständig Thema?
– War das Geld ein Götze, wichtig oder einfach nur da?
– Diente Geld in erster Linie der Familienfinanzierung oder dem Aufbau von Selbstwertgefühl?
– Wem von Ihnen sitzt das Geld lockerer, dem Begüterten oder dem weniger Begüterten?

Ist Ihnen schon einmal aufgefallen, dass bisweilen weniger gut verdienende Familien mit Vorliebe sogenannte ‚Markenartikel' auf dem Frühstückstisch stehen haben, während Sie den Unternehmer von nebenan samstags morgens durchaus bei Aldi treffen können? Der Grund: Leute mit Geld haben's selten vom Ausgeben, Leute ohne Geld versuchen, ihren Komplex durch Markenprodukte im Einkaufswagen zu kompensieren. Stößt nun ein armer Markenfetischist auf einen reichen Tiefpreisjäger, gibt's einen emotionalen Crash, denn das ,No-Name-Produkt' im Wagen des Reichen schürt – paradoxer Weise, obwohl es das gemeinsame Portemonnaie entlastet – die tief sitzende Scham aus dem Stallgeruch des finanziell Schwächeren.

Wofür wurde in Ihrer Familie vornehmlich Geld ausgegeben? Gab Familie A ihr Erspartes in erster Linie für häufige und teure Urlaubsreisen aus, Familie B dagegen für großzügigen Wohnraum, wird der Sprössling A den Hausbau, Sprössling B aber das Reisen als unsinnige bzw. überflüssige Ausgabe empfinden.

Schichtenzugehörigkeit
Ein ganz wesentlicher Faktor für gelingende oder misslingende Stallgeruchskompilationen besteht in der Kompatibilität bzw. Inkompatibilität des sozialen Milieus, aus dem Sie stammen.

– Waren Ihre Elternhäuser vergleichbar, oder war Ihre Heirat zugleich mit einem ,Schichtensprung' verbunden?
– Oder ähnelten sich Ihre Elternhäuser nur vordergründig, hintergründig aber überhaupt nicht, weil Familie A selbst aus begüterter Tradition stammt, Familie B sich aber durch Fleiß und Glück erst relativ kurz im ,Neureichen-Status' befindet?

Im zweiten Falle könnte es nämlich sein, dass, obwohl das Gleiche draufsteht, noch lange nicht das Gleiche drin ist, weil die innere Haltung zu Status und Besitz in beiden Konstellationen sehr unterschiedlich sein kann. Für die innerlich geschwollene Brust von Sprössling B wird nämlich Sprössling A kaum Verständnis entwickeln. Warum soll er auch auf etwas stolz sein, was in seiner Familie seit Generationen als völlig selbstverständlich gilt?

Eine Medizinstudentin brach ihr Studium ab und wurde MTA. Als sich ein Arzt für sie interessierte, heiratete sie ihn. Dadurch erlangte sie den Status, den sie von sich aus nicht erreichen konnte. Bekäme der Mann berufliche Probleme, wäre die Ehe sofort gefährdet.

Die Frage, die sie sich stellen sollten, heißt: Welche Rolle spielte dieser Faktor in *Ihrer* Partnerwahl? Wollten Sie *diesen* Mann, und er war zufällig Arzt? Oder wollten Sie einen *Arzt,* und das war zufällig Ihr Mann?

Bildung
Welche Rolle spielte Bildung in Ihren Elternhäusern? Las die Schwiegermutter Goethe, der eigene Vater aber die Bildzeitung? Besuchten die eigenen Eltern Vorträge, die Schwiegereltern aber bevorzugten lieber Unterhaltungs-TV? Falls es so oder ähnlich war, brauchen Sie sich nicht wundern, dass Sie kein einziges Buch mit Ihrem Ehepartner gemeinsam lesen können.

Tiere
Gab es in ihrem Haushalt Tiere, im schwiegerelterlichen aber wurde die ‚Igitt-bzw.-Lästig-Nummer' gespielt? Erfahrungen belegen, dass Kinder, die mit Tieren aufwachsen – vorausgesetzt, sie waren auch mit deren Pflege betraut – ein ausgeprägteres Verantwortungsgefühl entwickeln, nicht nur im ökologischen Sinne, als Kinder ohne Tiere. Was geschieht nun, wenn eine Tierliebhaberin auf einen Allergiefanatiker stößt? Der Mann wird Eifersucht auf die Tiere entwickeln, die Frau Enttäuschung über seine Herzlosigkeit.

b) Die Beeinträchtigung des Lebens – der Stellenwert von Krankheit

Welche Funktion hatte Krankheit in Ihren Elternhäusern?

Beispiel 1: Ein Ehepaar gerät ständig in Streit, sobald die Frau krank wird. Warum? Die *Frau* hatte in ihrer Kindheit kaum Zuwendung erfahren. Ihre Mutter war unfähig, ihre Liebe den Kindern zu zeigen. Nur, wenn eines ihrer Kinder krank war, war sie in ihrem Element. Sie war von Beruf Krankenschwester und in dieser Rolle vermochte sie Zuwendung zu geben. Die Folge: Ihre Kinder fühlten sich besonders umsorgt, wenn sie krank waren. Ganz anders bei ihrem *Mann*. Er wuchs mit einem kränkelnden Geschwister auf. Er selbst konnte sich nicht erinnern, in seiner Kindheit jemals krank gewesen zu sein. Für ihn galt Kranksein als Versagen und führte in eine Rolle, die in seiner Familie bereits besetzt war. Zudem war sein Vater früh verstorben an einer Krankheit. Seitdem assoziierte er mit Krankheit auch noch Todesangst. Das erstrebenswerteste Ziel schien ihm Gesundheit und Jugend zu sein. Er war sportlich sehr engagiert und erfolgreich. Belastet wurde er dadurch, dass seine Seele nie gelernt hatte, zu *somatisieren*, d.h. seelische Konflikte körperlich auszudrücken[33], etwa Prüfungsangst durch Verdauungsprobleme, Beziehungsstörungen durch Appetitmangel etc. Er erlaubte sich selbst nicht, krank zu werden. Die Folge war, dass sich alle inneren Konflikte in seiner Seele sammelten und er in eine schwere Depression fiel. Seiner Frau konnte er daher keinerlei Zuwendung in ihrer Krankheit geben. *Sie* fühlte sich ungeliebt, weil sie nicht umsorgt wurde (wie in ihrer Kindheit), *er* fühlte sich nicht liebenswert, weil er unfähig war, völlig gesund zu bleiben (wie in der Kindheit noch möglich). Beide hatten eine pathologische Einstellung zur Krankheit. Nicht die Krankheit selbst war daher ihr Problem, sondern ihre unterschiedlich erlernten Bewertungen derselben.

Beispiel 2: In Familie A galt Krankheit als Schicksal, in Familie B dagegen als Versagen. Der Kranke in Familie A wurde umsorgt, gepflegt und bedauert, die Kranke in Familie B unbewusst mit Vorwürfen konfrontiert. Sie musste sich ‚zusammenreißen' und möglichst bald wieder auf den Beinen sein. Heiraten A und B und A erkrankt, wird B A kaum bedauern, was A allerdings erwartet. B sendet ‚Vorwurf' in die Erwartung ‚Bedauern', was A's Erleben dieser Situation als ‚lieblos' steigert. Erkrankt B, sendet A ‚Bedauern', was B aber nicht als liebevolle Zuwendung auffasst (als solche ist es aber gemeint), sondern als verabscheuungswürdiges Mitleid (als solches hatte sie es gelernt). Was A positiv sendet, fasst B negativ auf. Anstatt sich nun gegenseitig Vorwürfe über vermeintliche Liebesdefizite zu machen, sollten die beiden mal in ihrem Stallgeruch schnuppern. Dann würde ihnen sehr schnell klar, dass sie wieder einmal mit Schatten kämpfen.

Geselligkeit
Welchen Stil sind Sie in Sachen Geselligkeit gewohnt? Gab es Familienfeiern oder galt Familie immer als der große Horror? Waren Ihre Eltern gastfreundlich, oder durfte niemand die heimatliche Wohnung betreten, sie hätte ja dreckig werden können? Lebten Ihre Eltern im Schneckenhaus, Ihre Schwiegereltern aber waren Mitglied in drei Vereinen? Heiratet der ‚Vereinstyp' das Modell ‚Einsiedler', wird's Probleme geben. *Sie* will am Wochenende weg, was erleben, *er* will seine Ruhe, gerade nichts erleben, und vor allem niemand sehen. Sich gegen-

seitig das völlig andersartige Empfinden vorzuwerfen, hieße, den Stallgeruch zu ignorieren. Es wäre fast genauso fatal, wie sich wegen der anderen Haarfarbe zu kritisieren. Unser Tipp: beim Verlieben nicht nur auf's Toupet achten...

c) Die Lust am Leben – Sexualität

Eine ganz entscheidende Frage für Ihre Ehe ist es, was Sie beide in Sachen Sexualität und Erotik ‚in der Nase haben'. Hier einige spezifische Stallgeruchsaspekte:

– Wurde über Sexualität frei gesprochen?
– Wurde sie tabuisiert?
– Waren Ihre Eltern verklemmt oder unsicher in dieser Beziehung?
– Wie ging Ihre Aufklärung vonstatten?
– Welchen Stellenwert und welche moralische Wertung hatte Sexualität in der Beziehung Ihrer Eltern?
– Wie sprachen die Mütter mit den Töchtern, wie mit ihren Söhnen – und wie die Väter?

Im einzelnen haben wir zu diesem eminent wichtigen und hochgradig verletzlichen Bereich von Sexualität und Erotik bereits eine Sammlung von Denkanstößen vorgelegt[34].

Ehe wir mit Schatten kämpfen

... sollten wir den elterlichen Stallgeruch erinnern und auch den schwiegerelterlichen ‚in die Nase' bekommen

.... sollten wir bedenken, dass unser Mann/unsere Frau für ihre Duftnoten genauso wenig können wie für ihre Haarfarbe

.... sollten wir für uns unverständliches Verhalten des Anderen auf *dessen* innerfamiliäre Wertung hin befragen und mit der eigenen vergleichen

Merke

Was bei mir negativ ankommt, ist noch lange nicht immer negativ gemeint, und womit ich meiner Frau etwas Gutes tun will, das wird sie noch lange nicht immer als gut empfinden

Die elterlichen Duftnoten nicht zu kennen, lässt einen gewichtigen Teil des Gefühlslebens unserer Lieben im Dunklen

Die elterlichen Duftnoten nicht kennen zu *wollen*, offenbart unser Desinteresse aneinander

Nicht, wie etwas ‚an sich' ist, prägt unser Erleben, sondern *wie* wir etwas emotional bewerten: „Der Mensch wird nicht durch die Dinge selbst verwirrt, sondern dadurch, wie er sie sieht" (*Epiktet*)

Rationalisierungen führen oft nicht weiter, sondern verstärken den Disput, Wahrnehmungen der Stallgeruchsduftnoten des Ehepartners können helfen

7. „Das hab' ich eben so gelernt"

Internalisierte Rollenzwänge

Geht es ihnen auch so? Auch jetzt noch, mit 43 Jahren, *schmeckt es mir bei meiner Mutter* am besten. Obwohl ich schon an vielen Tischen gesessen habe und auch selbst – nach Auskunft von Freunden und Familie – eine recht passable Köchin bin, empfinde ich doch die Bratkartoffeln und den Schweinebraten meiner Mutter als die besten. So schmeckt es eben ‚richtig'.

Oder nehmen wir die *Feiertagsgestaltung*. Durch die Berufstätigkeit meines Mannes als Gemeindepfarrer kam es für mich nie zur ‚richtigen' Ostergestaltung. Er hatte mehrere Gottesdienste durchzuführen und war daher am Ostersonntagvormittag nur sporadisch zu Hause. In meiner Kindheit aber besuchten wir die Osternacht am Samstagabend und nach langem Ausschlafen für die Kinder gab's jedes Jahr am Ostermorgen ein ausgiebiges und gemütliches Osterfrühstück. Gefühlsmäßig war das für mich ‚richtiges' Ostern.

Da meine Eltern beide Lehrer waren, hatte unsere Familie immer gemeinsam Ferien. Schulfreie Zeit hieß auch: Zeit der Eltern für uns Kinder. Mein Mann ist kein Lehrer und somit auch nicht während der ganzen Ferien zu Hause, so dass ich häufig den Spagat vollziehen muss zwischen dem Termindruck des berufstätigen Ehemannes und dem Feriengefühl der Kinder. Das ist irgendwie ‚nicht richtig'. Ich hatte es anders gelernt.

Entscheidend bei diesem Internalisierungsphänomen ist nun nicht, dass man die neuen Verhältnisse nicht mit dem Kopf einsehen würde, sondern dass der Bauch nicht mitkommt. Wir sind gleichsam programmiert auf bestimmte Duftnoten, da nutzen auch gegenseitige Vorhaltungen recht wenig. Konditioniert ist konditioniert. Aber besonders wichtig: Liebe im Sinne des ‚Agapeprinzips der gegenseitigen Bereicherung'[35] sollte dem Anderen auch lassen, was des Andern ist.

Familiensinn und Ego-Kultur
In Bezug auf Ehe mag dies folgendes Beispiel verdeutlichen:

Sie: *Ich fühle mich ständig alleine gelassen von ihm. Eigentlich bin ich eine verheiratete alleinerziehende Mutter von zwei Kindern. Gut, er verdient den Hauptanteil des Familieneinkommens, aber Familiensinn vermisse ich bei ihm. Nach Feierabend und am Wochenende macht er, was er will. Im Tiefsten ist er ein Single geblieben.*
Er: *Ich weiß gar nicht, was sie will. Ich leiste doch durch meinen Verdienst den größten Teil zu unserem sozialen Status, und wenn sie mich bittet, etwas im Garten oder am Auto zu machen, wird's erledigt, sobald ich Zeit habe. Ich halte mich an Verabredungen, aber ich habe auch noch eigene Bedürfnisse.*

Was lag hier vor? *Sie* war in einer Familie mit einem ausgeprägten Familiensinn groß geworden. Wie viel hatten sie damals gemeinsam unternommen? Ausflüge, Ferien, Gartenarbeit etc. Auch auf gemeinsame Mahlzeiten wurde Wert gelegt. Hatte jemand etwas Persönliches vor, so wurde erst der Familienkalender befragt, ob er es terminlich zuließ. Auch heute noch ist ihre Beziehung zu Eltern und Geschwistern sehr eng. Regelmäßig fährt sie mit den zwei Kindern und den Großeltern an die Nordsee. Ihr ‚Ego' war zugunsten eines ‚Wir-Gefühls' stark zurückgeschraubt. So hatte sie es gelernt, so war es ‚richtig'. Ganz anders ihr Mann. In *seiner* Familie war die individuelle Entwicklung besonders wichtig. Beide Eltern waren berufstätig und hatten ausgeprägte, aber unterschiedliche Hobbys. Auch seine Brüder führten früh ihr eigenes Leben. Verbindungsperson für alle Familienmitglieder war ihre langjährige Haushälterin. Die Familie hatte die Form einer WG, in der sich jeder an Grundregeln zu halten hatte, seinen Obulus zum Gemeinwesen entrichten musste, aber ansonsten sehr auf sich gestellt war. Das ‚Wir-Gefühl' war auf Kosten der ‚Selbst-Entfaltung' zurückgedrängt. So hatte er es gelernt, so war es ‚richtig'.

Das Stallgeruchsproblem dieses Ehepaares lässt sich nun so charakterisieren: Die Frau sah ihr Wir-Gefühl von ihrem Mann bedroht, der Mann seine Selbstverwirklichung durch seine Frau. Beide erlebten den Anderen als ‚nicht richtig'. Hätten sie sich von ihren Elternhäusern erzählt, sie hätten's zumindest verstehen können.

Rollentausch

Ein Ehepaar gerät in Streit über den Alltag. Sie hatten gerade Zuwachs bekommen, aber nichts war so, wie die Fernsehwerbung für Babynahrung versprach. Sie wollte ihren Beruf nicht drangeben wegen des Babys, aber wohin sollte sie mit ihm? Außerdem verdiente er besser. Sie beklagt, dass er zu Hause keinen Handschlag mehr verrichte, seit sie nicht mehr berufs-

tätig war. Früher sei das anders gewesen, als sie noch eine wirkliche Partnerschaft hatten. Aber jetzt?

Was war geschehen? Beide hatten sich während des Studiums kennen und lieben gelernt. Beide waren Kinder der ‚neuen, emanzipierten Generation'. Ausgemacht war: *Sie* würde kein Heimchen am Herd, *er* würde kein Macho. Alles wollten sie gemeinsam machen, ‚partnerschaftlich' eben. Zunächst ging alles gut, aber mit der Geburt ihres Kindes zogen die Rollenmuster ihrer Eltern als Schatten auf. *Sie* hatte eine Mutter, die immer berufstätig war. Sie und ihre Brüder wurden von einem Kindermädchen großgezogen, so hatte sie es gelernt, so war es ‚richtig'. *Seine* Mutter war berufstätig bis zum ersten Kind. Dann war sie eine ‚vollzeitliche Mutter'[36], die immer für ihre Kinder da war. Sein Vater war als Alleinverdiener viel unterwegs und die Mutter hielt ihm den Rücken frei. So hatte er es gelernt, so war es ‚richtig'.

Beide empfanden das Verhalten des Anderen als verkehrte Welt und beide gingen mit missionarischem Eifer daran, den Anderen zu bekehren. Letztlich ging es ihnen aber nicht um Welteinsichten oder die Suche nach dem ‚An-Sich-Richtigen' (wer kennt das schon?), sondern um die mit der Muttermilch eingesogenen internalisierten Rollenmuster. Über seine Schatten zu springen, ohne sie zu kennen, ist eben nicht so leicht ...

Ehe wir mit Schatten kämpfen

... sollten wir uns klarmachen, was unser Ehepartner als ‚richtig' empfindet

... sollten wir akzeptieren, dass der Kopf in dieser Hinsicht den Bauch nur schwer beeinflusst, zumal, wenn er nicht eingeschaltet ist

Merke

Die erlernten Rollenmuster werden in der Partnerschaft automatisch wiederholt. Entsprechen sich die Rollen, gibt es kaum Konflikte, entsprechen sie sich nicht, gibt's Reibungsverluste.

Was wir für richtig *halten*, ist lange nicht das, was wir als richtig *empfinden*

8. Egomane und Nesthäkchen
Geschwisterkonstellationen

Zugegeben, dieses Kapitel kommt in einer Einzelkindgesellschaft immer weniger zum Tragen, sollte man meinen. Aber keine Geschwister zu haben prägt ebenso, wie unter einer ganzen Schar von Kindern aufgewachsen zu sein. Die folgenden Fallbeispiele zeigen immer wieder beobachtbare Tendenzen, keine sozialpsychologischen Naturgesetze. Solche kann es nicht geben, weil jede Familiengeschichte individuell verläuft und es neben dem in diesem Buch in den Blick gefassten Stallgeruch mannigfache weitere Faktoren gibt, die unsere Persönlichkeit prägen. Die Beispiele sollen Sie für eine bestimmte Perspektive sensibilisieren und Sie anregen, *Ihren individuellen Duftnoten* nachzuspüren.

Das Einzelkind

war der ständige Mittelpunkt. Auf ihm lasteten alle Erwartungen – falls es erwünscht war –, oder es war schlichtweg überflüssig – falls es unerwünscht war. Sein Lebensgefühl schwankte zwischen Überschätzung und Unterschätzung in Ermangelung von Konkurrenten und Mitstreitern. Im Bild ausgedrückt: Im Auto saßen Mama und Papa vorne und so hatte es die ganze Rückbank für sich, viel Platz, aber auch viel Einsamkeit.

Die Rolle des Ältesten

Das älteste Kind war häufig von früh an gewöhnt, Verantwortung zu tragen. Das war seine Belastung, aber auch seine

Macht. Immer wieder übernahm es Anteile der Elternrolle. Später wird es meist konservativ und stabilisiert Herrschaftsstrukturen. Es gibt die Erwartungen der Eltern weiter und kontrolliert das Verhalten der jüngeren. ‚Ist das älteste Kind erzogen, erzieht es die nachfolgenden von alleine', kann man Eltern sagen hören. Im Bild: Im Auto rückt es als erstes auf den Beifahrersitz, später auf den Fahrersitz. Und außerdem, das Älteste führt seine Eltern als erstes in eine jeweils neue Entwicklungsphase. Es brachte die ersten schlaflosen Nächte, die erste Einschulung, die ersten Teenagerprobleme, die ersten Ausgehdiskussionen etc. Für das jüngste Kind wird selbstverständlich sein, worum das älteste noch kämpfen musste.

Das Zweite

Zweite Kinder entwickeln sich häufig zum Gegenteil vom ersten, besonders, wenn sie gleichen Geschlechtes sind, denn die Rolle des Erstgeborenen ist besetzt. Ist das erste angepasst, wird das zweite ein Querschläger. Ist das erste kontaktfreudig, so das zweite introvertiert. Ist das erste in der CDU, so das zweite in der SPD (siehe Gebrüder Vogel). Ist das erste anstrengend, so das zweite pflegeleicht. Ist das erste Mädchen feminin, so das zweite burschikos. Ist das erste attraktiv, so das zweite eine graue Maus. Natürlich gilt dies nicht immer, aber sehr häufig. Zweite Kinder rebellieren in aller Regel gegen Machtstrukturen, da sie selbst nicht in den Genuss der Macht gekommen sind. Sie rebellieren und bleiben dabei doch den verhassten Strukturen negativ verpflichtet.

Nesthäkchen

Das jüngste Kind wird häufig von Eltern und Geschwistern verwöhnt. Alles, was die Älteren erkämpft haben, steht ihm bereits offen. Sein Leben erscheint einfacher. Wie ungerecht!

Aber der Preis ist: Es wird von seiner Familie oft sein Leben lang nicht recht ernst genommen. Ewig bleibt es der/die Kleine. Den Altersunterschied wird es ja nie mehr aufholen können. Auch bleibt es, wie der Ausdruck ‚Nesthäkchen' treffend umschreibt, oft am Nest hängen, denn durch die ‚Verwöhnungsfalle' (*A. Wunsch*) wird es nur sehr schlecht flügge. Die Eltern halten es oft fest in dem Bestreben, solange noch ein Kind zuhause ist, nicht in die ‚Leere-Nest-Phase' eintreten zu müssen. Im Bild: Da es im Auto aus der Position des Kindersitzes nicht herauskommt, alle anderen Positionen aber innerfamiliär besetzt sind, steigt es am Ende um in einen völlig anderen Wagen – zum Leidwesen der Eltern.

Das Nesthäkchen wird oft etwas gänzlich anderes, als die Familientradition erwartet. Auf diese Weise entsteht der Arzt aus der Handwerkerfamilie, die Künstlerin aus dem Beamtenmilieu, der Sozialist aus dem konservativen Bürgertum oder die Bürgerliche aus der 68-Generation.

Sandwichkind

Ihm fällt es schwer, seinen Platz im Leben zu finden. Vielleicht hörte es – als mittleres von dreien – immer wieder den Satz: „Erst spülen die beiden Großen ab, dann gehen die beiden Kleinen ins Bett". Jede Geschwisterposition hat ihre Vor- und Nachteile. Ein Vorteil der Sandwichposition könnte sein, nicht immer im Blick der Eltern zu stehen, im grauen Mittelfeld übersehen zu werden. Aber was ist, wenn es dies gar nicht als Vorteil aufzufassen vermag. ‚Sandwicher' entwickeln daher häufig Macken wie Essprobleme, Krankheiten, Schulschwierigkeiten etc., nur um ihren Eltern zu signalisieren: ‚Hallo, mich gibt's auch noch!'. Besser negativ auffallen als gar nicht, heißt diese Stallduftnote. Auf der anderen Seite fallen bei mittleren Kindern überdurchschnittlich oft besondere soziale Kompetenzen auf, da sie von Anfang an mit ‚alt' und

,jung' auskommen mussten. Leider kann man sich damit in unserer Gesellschaft keinen Ruhm erwerben und auch in der Schule gibt es keine Zensuren dafür.

Andersgeschlechtliche Geschwister
prägen das Partnerbild in einem hohen Grade. Wurde der ältere Bruder angehimmelt, vermag der künftige Ehemann ihn nur schwer zu verdrängen. Die große Schwester wird möglicherweise *in* oder *von* der Ehefrau bekämpft. Der kleine Bruder generiert ein grundsätzliches Überlegenheitsgefühl Männern gegenüber, die kleine Schwester löst Beschützerinstinkte der Ehefrau gegenüber aus. Das Problem: Auf Grund solcher Zusammenhänge kann das gegengeschlechtliche Geschwister ,als virtueller Liebhaber ohne Sex' störend auf die eigene Ehe wirken.

Behinderte Geschwister
Behinderte Geschwister können auf der einen Seite zur Rücksichtnahme erziehen und dadurch die Duftnote einer besondern sozialen Kompetenz prägen, auf der anderen Seite aber auch zu einem lebenslangen Gefühl der verlorenen Kindheit führen, nämlich dann, wenn das behinderte Kind einen unverhältnismäßig hohen Anteil der Kraft der Eltern, insbesondere der Mutter, abzog und auf sich bündelte, was oft unumgänglich erscheint. Es kann aber auch zur Selbstüberschätzung führen, denn auf dem Hintergrund des beeinträchtigten Gegenübers sticht die eigene Leistungsfähigkeit umso stärker hervor. Außerdem: Da der Gesunde eigene Probleme nur selten anzusprechen wagt, um die Eltern nicht zu belasten, nimmt er sie als Altlasten mit in seine Ehe, wo sie einen potenziellen Konflikt auslösen können.

– Ist der ältere Bruder behindert, entsteht beim Mädchen vielleicht unbewusst der Eindruck: Mann = behindert.

– Ist die ältere Schwester behindert, so wird der Junge als Mann ein gewisses Problem damit haben, Frauen ernst zu nehmen.

Sie ahnen bereits, was solche Beobachtungen mit Ihrer Ehe zu tun haben (könnten). Der Korrektheit wegen sei nochmals ausdrücklich darauf hingewiesen, dass derartige Konstellationsmuster Tendenzen und keine Naturgesetze sind. Im Einzelfall kann sich immer alles auch ganz anders entwickeln. Wichtig ist nicht, ob dies alles immer so ist, sondern *wie es bei Ihnen beiden war und ist,* und ob es Probleme zwischen Ihnen gibt, die sich möglicherweise auf solche oder ähnliche Stallduftnoten zurückführen lassen könnten! Dabei ist als Leitthese hilfreich:

– Entspricht Ihre Rolle in der Ehe der gelernten Rolle in Ihrer Herkunftsfamilie, so wird das Konfliktpotenzial geringer zu veranschlagen sein.
– Wollen Sie aber die gelernte Rolle überwinden oder möchten Sie und Ihr/e Partner/in die gleiche Rolle einnehmen, so sind Konflikte vorprogrammiert.

Betrachten wir einige Beispiele:

Drei ältere Schwestern und Potenzprobleme
Eine Frau beklagt sich über die mangelnde sexuelle Bereitschaft ihres Mannes. Es macht sie wütend und hilflos. Ihren Verdacht auf eine Freundin bestreitet der Mann vehement.

Was war hier los? Der Mann, aufgewachsen als jüngster unter drei älteren Schwestern, hatte sich in seine etwas ältere Frau verliebt, weil diese immer wusste, was sie wollte und mit beiden Beinen im Leben stand. Im Bild: Sie saß im Auto am Steuer, er auf dem Beifahrersitz. So war er's gewohnt. Bald jedoch bekam er Potenzprobleme. Er liebte seine Frau, aber er begehrte sie nicht mehr. In ihrer Nähe fiel er unbewusst in seine Rolle als kleiner Junge zurück – eine regressive Rolle ohne Sexualität. Er flüchtete sich ins Internet. Hier konnte er Machtphantasien ausleben, ohne um Macht kämpfen zu müssen, konnte so tun, ‚als ob er ein richtiger Mann' wäre. Als Nebeneffekt traf er seine so fähige und ‚mächtige' Frau im Kern, denn jetzt war sie weder mächtig noch Frau. In der Macht der Verweigerung praktizierte er die Macht des Schwachen.

Verächtlicher Mann
Eine Frau beklagt sich, von ihrem Mann einfach nicht ernst genommen zu werden. Alle Entscheidungen in der Familie träfe er allein, ohne ihre Meinung einzuholen. Sicher, er habe alles im Griff, aber eine echte Partnerschaft sei dies nicht. Ihr Mann beteuert, nur deswegen alles an sich zu reißen, weil seine Frau recht unselbständig und unzuverlässig sei.

Was war hier los? Ihr Mann als älterer Bruder einer jüngeren behinderten Schwester war von Kind an gewohnt, für seine Schwester mit zu agieren. Da die Mutter berufstätig war, ‚schleppte' er seine Schwester überall mit hin. In seine Frau verliebte er sich, weil sie sehr hübsch war und durch ihre Hilflosigkeit und Unselbständigkeit seinen Beschützerinstinkt (re)aktivierte. Die Frau wiederum als jüngste mit drei älteren Geschwistern fühlte sich sicher und gut aufgehoben bei diesem Mann. Zunächst lief ihre Ehe gut, aber auf Dauer hatte ihre Bequemlichkeit ihren Preis. Im Bild: Der Mann saß am Steuer, die Frau angeschnallt auf dem Babysitz. Natürlich hätte sie auch als ‚kleiner Tyrann'[37] den Fahrer von hinten manipulieren können – ein nicht seltener Partnerschaftskonflikt – , aber sie wollte selbst ans Steuer. Nur: Durch die lange Zeit im Kindersitz war sie nicht fahrtüchtig, und ihr Mann war nicht gewohnt, das Steuer loszulassen. Er ‚traute' dies eben ‚Frauen nicht zu'. Er hatte internalisiert: Frau = jünger = behindert = hilflos.

Beau heiratet graue Maus

Der Bekanntenkreis wundert sich. Ein auffallend attraktiver Mann heiratet eine ‚graue unscheinbare Maus'. Das passte doch überhaupt nicht. Zur Überraschung aller wurde diese Ehe glücklich.

Warum? Der Mann, von Kindheit an der Star der Familie, musste niemals die Aufmerksamkeit seiner Eltern mit Geschwistern teilen. Alles drehte sich immer um ihn, den Beau mit den hübschen Augen. Seine Schullaufbahn verlief zwar nicht ganz so berauschend, aber er kam ja auch so ‚blendend' an. Auf jeder Fete war er der Mittelpunkt und auch als er älter wurde, ließ er ‚nichts anbrennen'. Eine war hübscher als die andere. Beruflich war er ein Künstler und trat im Showgeschäft auf. Im Haushalt war er ungeschickt und hatte obendrein kein Verhältnis zum Geld. Aber was machte das schon? Seine Frau als vierte von sieben Geschwistern war von klein auf gewohnt, übersehen zu werden. Sie war weder hübsch noch hässlich und hatte ein typisches Gesicht von der Sorte, die man sich nicht merken konnte. Aber anpacken konnte sie, und soziale Kompetenzen hatte sie auch. Sie hatte immer alles fest im Griff und war sehr lebenstüchtig. Ihr existentielles Grundaxiom hieß nicht: ‚Was bringt mir das?' – wie bei ihrem Mann –, sondern: ‚Was steht an?' Sie stahl ihrem Mann nie die Show, sondern

war sein Rückgrat. Sie managte ihn, hatte alles (für ihn) im Kopf. Ihr Mann war der sicheren Überzeugung: ‚Meine Frau und ich, wir lieben mich'.

Es klingt zwar kurios, aber diese Konstellation klappte, weil sie stallgeruchsduftnotenkompatibel war...

Kinder und Ego
Ein Ehepaar wird sich über die Kinderfrage nicht einig. Er möchte Kinder, sie auf keinen Fall. Ihre diesbezüglichen Dispute bedienten sich folgender Klischees:

Er: *Es ist doch natürlich, Kinder zu wollen, man will doch was in dieser Welt zurücklassen.*
Sie: *In diese Welt kann man doch keine Kinder setzen, schau sie dir doch an!*
Er: *Vieles erlebt man mit Kindern intensiver und das Haus ist voller Leben.*
Sie: *Weißt du, was Kinder kosten? Und Freizeit und Freiheit sind auch dahin!*
Er: *Jetzt sind wir aber alt genug und unsere finanzielle Lage ist blendend...*
Sie: *Meinst du, ich habe solange studiert, um jetzt Windeln zu wechseln?*

Soweit die Scheinargumente. Was war hier los? *Er* war alleine groß geworden. Seine Eltern waren begütert und er wuchs in einem komfortablen und geräumigen Haus auf. Beide Eltern waren berufstätig, so dass er schon früh, nach anfänglicher Kinderfrau, selbständig war – und allein... Er wünschte sich immer Geschwister, mit denen er in diesem großen Haus leben, spielen und toben konnte, und schuf sich schließlich welche in seiner Fantasie, zwei Brüder und zwei Schwestern. In seinen Träumen entstand eine lebenswerte Kinderwelt.

Später, so schwor er sich, wird er ein großes Haus bauen und viele, viele Kinder haben. Genau das war es, was ihn auch am Elternhaus seiner Frau so faszinierte. Ständig war dort etwas los, nie war man alleine. *Seine Frau* jedoch hatte diese Situation ganz anders erlebt. Geld war Mangelware zuhause, die Eltern waren oft überfordert und gestresst. Von einem eigenen Zimmer träumte sie nur und wirklich alleine war sie lediglich in der Toilette, dem einzigen Raum, der abschließbar war. Kleidung der älteren Geschwister musste sie auftragen. In der Schule hatte ihr nie jemand geholfen. Sie schwor sich, später einmal viel zu verdienen. Voraussetzung war ein Stu-

dium, das sie sich selbst finanzieren musste. Und nun hatte sie es geschafft: guter Job, großes Haus, wohlhabender Mann. Jetzt Kinder und alles schien umsonst. Endlich konnte sie ihr ‚inneres Kind' bedienen, was sollten da reale...? Nein! Niemals!

Hier können Sie eine sogenannte *komplementäre Paradoxie* studieren: Das, was A an B anzieht, ist genau das, wovon B frei werden will. Weil A davon frei war, hat sich B in A verliebt. Das Vertrackte: Beide suchen beim anderen das, was dieser überwinden will. Beide wollen die Ställe wechseln, daher sind sie am Ende wieder getrennt.

Zwillinge, Drillinge etc.

Mehrlingskonstellationen sind eine ganz besondere, weil seltene Variation von Geschwisterkonstellation. Zwillingsbeziehungen sind häufig sehr intensiv. Z.B. bilden sie manchmal eine Geheimsprache untereinander, nur für sie verständlich. Von Mutterleib an teilen sie vieles miteinander: Alter, Geburtstag, oftmals das Aussehen. Bisweilen bleibt hier kein Platz für einen eigenen Lebenspartner (siehe Keßler-Zwillinge) oder aber es wird wiederum ein Zwillingspaar geheiratet. Dann wird aus dem Duo ein Quartett. Manchmal versuchen Eltern, diesem Leben ‚in zwei Teilen' vorzubeugen durch unterschiedliche Kleidung, getrennte Schulklassen usw.

Aber auch der gegenteilige Fall ist möglich, eine Konkurrenzsituation von Geburt an, klassisch dargestellt in der Erzählung von Jakob und Esau (1.Mose 25,19-34; 27; 32-33). Der Eine beansprucht den Platz des Anderen. Gekämpft wird zunächst um die Gunst der Eltern, später auch um andere Beziehungen. In Bezug auf eine Partnerschaft sind dies zwei Seiten einer Medaille, denn die Beziehung zum Zwilling ist in jedem

Falle enger als die zum Partner, ob in Freundschaft oder in Feindschaft. Das Herz ist zu einem großen Teil besetzt.

Zwei Einzelkinder heiraten
Bei einem Paar wird schnell klar, warum es in der Bearbeitung ihres Konfliktes nicht vorwärts geht. Beide haben die Beratung aufgesucht, nicht um eine Lösung, sondern um eine Legitimation vor dem Anderen zu erhalten, warum diese Ehe nicht funktioniert. Für Außenstehende scheinen beide gut zueinander zu passen. Beide sind attraktiv, sympathisch, intelligent, erfolgreich.

Was war los? Der entscheidende Faktor war: Sie waren beide als Einzelkinder aufgewachsen, auf denen große Erwartungen der Eltern lagen. Beiden gelang der ‚Schichtensprung', beide standen von Geburt an auf der Bühne ihrer Familien, beide kannten nicht die Einreihung in eine Geschwisterreihe. Beide waren zwar kontaktfreudig und hatten viele Freunde, aber die konnte man ja wechseln, ‚wenn es nicht mehr passte'. Freunde kommen und gehen, Geschwister bleiben ein Leben lang, in guten, wie in schlechten Zeiten. Geschwisterbeziehungen sind unauflöslich. Und genau dies hatten die beiden nie gelernt. Gelernt hatten sie: Bei Problemen auswechseln..., genau jene von uns so genannte ‚Sammler-und-Jäger-Mentalität'[38]. Das ‚In guten und in schlechten Tagen' hatten sie wohl bei ihrer Trauung gehört – allein, es gehörte nicht zu ihrem Stallgeruch...

Ehe wir mit Schatten kämpfen

... sollten wir uns über unsere Stellung in der Geschwisterreihe klar werden

... sollten wir uns bewusst machen, welche soziale Position wir als ‚richtig' empfinden und welche unser/e Partner/in

... sollten wir zur Kenntnis nehmen, dass die Entwicklung eines gemeinsamen Lebensentwurfes nicht unerheblich von diesen Duftnoten gesteuert wird

Merke

Entspricht Ihre heutige Rolle in der Ehe der gelernten Rolle in Ihrer Herkunftsfamilie, so wird das Konfliktpotenzial relativ gering sein

Will einer die gelernte Rolle überwinden oder gar die gleiche Rolle wie sein/ihr Partner/in einnehmen, sind Konflikte vorprogrammiert

9. „Das hätt' es bei uns nicht gegeben"

Werte und Tabus

In jeder Beziehung gibt es Spielfelder, auf denen die Ehepartner sich für Duftnoten kritisieren, die dem Einen völlig selbstverständlich sind, dem Anderen aber zum Anstoß werden. Gemeint ist das internalisierte *Wertesystem.* Stallgeruchskonflikte entbrennen besonders intensiv innerhalb der Bereiche Arbeit, Leistung, Freizeit, Politik, Ethik, Religion, Kultur, Lebensentwurf und Sozialverhalten.

a) Arbeit, Politik und Religion: Duftnoten des Wertekanons

Das Verhältnis von Arbeit und Freizeit
Ein besonders neuralgischer Punkt für die Entwicklung eines gemeinsamen Lebensgefühls besteht in dem internalisierten Verhältnis zu Arbeit, Leistung und Freizeit. Welche Rolle spielte Leistung? Hier sind vergleichbare Kategorisierungen wie in der Finanzfrage möglich. Lieferte Ihnen zu Hause Leistung die Daseinberechtigung?

– Erinnern Sie sich an den elterlichen Umgang mit Ihren Schulnoten. Gab's Stress bei 'ner Fünf und Anerkennung bei 'ner Eins?
– Gehörte der Satz ‚Häng nicht so faul rum' zum Alltagsrepertoire, oder trat er nur sporadisch und irgendwie berechtigt in den Ferien nach vier Wochen Nichtstun auf – in Geschäftshaushalten wohl früher?

– Missbrauchten Ihre Eltern Arbeit als Droge? Und falls ja, wovor betäubten sie sich?
– Missbrauchten sie Arbeit zur Verdrängung? Und falls ja, zur Verdrängung von was?
– Welche Rolle spielten Erholung, Freizeit, Spaß und Freude?

Immerhin gehört der *Sabbat*[39] zu den tragenden Elementen der zehn Gebote (2.Mose 20,8-11), denn wer nicht ausspannen kann, der wird auch bald nichts mehr leisten. Nur, wie hat Ihr/e Ehepartner/in Ausspannen gelernt? Haben Ihre Eltern / Schwiegereltern in den Ferien Badeurlaub gemacht oder das Haus renoviert? Wurden Sie von Kindesbeinen an zu Arbeit und Leistung angehalten, werden Sie stundenlanges Faulenzen am Strand als pure Zeitverschwendung empfinden, das Sie nicht ent-, sondern anspannt. War's bei Ihrem Partner andersherum, gibt's in jeden Ferien Krach. Beide kritisieren kopfschüttelnd am Anderen, was dieser als völlig normal empfindet.

Berufstätigkeit
Ein Ehepaar gerät nach der Geburt des ersten Kindes in Streit. Sie wollte ihren Beruf als Lehrerin fortführen, er erwartete von ihr, dass sie sich ganz der Erziehung ihres Erstgeborenen widmete. Sie warf ihm Machotum und überholte Rollenerwartungen[40] *vor, er ihr Emanzipationsgesülze und das Gehabe einer Rabenmutter.*

Wo waren die Wurzeln? *Ihre* eigene Mutter war nach der Geburt nicht mehr in den Beruf zurückgekehrt. Sie hatte keine Oma, die einsprang, und an eine Kinderfrau war finanziell nicht zu denken. Ihre ,verpasste Karriere' warf sie Mann und Kindern verbal und nonverbal ständig vor. Immer wieder schwelgte sie in ,Was-wäre-wenn-Phantasien'.
Seine Eltern waren beide berufstätig. Die Mutter war durch die Doppelbelastung oft überfordert, reagierte genervt. Ihrem Mann warf sie vor, nicht genug zu verdienen, so dass sie mitarbeiten ,musste' und somit gezwungen war, ihre Kinder zu vernachlässigen. Beide hatten sich geschworen, aus den Fehlern ihrer Eltern zu lernen:

– *Sie* wollte nicht in Vorwurfshaltung ihrer Familie gegenüber stehen und dieser ihr verpatztes Leben vorwerfen. Sie empfand *sein* Verhalten als Weg ins Unglück.
– *Er* wollte soviel verdienen, dass seine Frau niemals arbeiten müsste und empfand *ihr* Verhalten als Weg ins Unglück.

Beide fühlten sich vom Anderen nicht wertgeschätzt[41], weil jeweils der Versuch des Einen, das eigene Trauma zu überwinden, das Trauma des Anderen aktivierte.

Dass in Sachen Rollenerwartungen nicht nur der individuelle

Stallgeruch, sondern in besonderem Maße auch der gesellschaftliche Umbruch der letzen Jahrzehnte zu berücksichtigen ist, sei hier nur angemerkt. *J. M. Gottmann* notiert: „... die Rolle des Mannes als alleiniger Brotverdiener [ist] nicht mehr aktuell. In zunehmenden Maße versorgen sich Frauen durch ihren Job nicht nur mit Einkommen und ökonomischer Macht, sondern auch mit Selbstwertgefühl".[42] Dass Stalldüfte aber recht wandlungsresistent sein können, zeigt die Tatsache, dass auch bei Doppelberufstätigkeit in 80% der Fälle Haushalts- und Familienarbeit de facto bei der Frau bleiben ...

Politische Überzeugungen

Erinnern Sie sich noch an Ekel Alfred, jenen konservativen Patrioten, der stets mit seinem ‚Sozi-Schwiegersohn' aneinander rasselte? Was hier karikiert wurde, vollzieht sich tausendfach in bundesdeutschen Normalehen, nur subtiler und verborgener. Divergierende politische Überzeugungen zu den Elternhäusern belasten die eigene Beziehung. Der originelle Lösungsversuch jener Eheleute, die Mitglied in zwei unterschiedlichen politischen Parteien wurden, gelingt im Regelfall weniger oft ...

Ethische Grundentscheidungen

Ethische Divergenzen treiben oft große Keile in Beziehungen. Nehmen wir die Abtreibungsfrage. In Traugesprächen taucht immer wieder das interessante Phänomen auf, dass es über die Kinderfrage noch keinen endgültigen Konsens zwischen den Partnern gibt. Erst mal sehn, was kommt in Sachen Beruf, Haus & Co. Auf die Frage hin, was denn wäre wenn, stockt das Gespräch. Hm, tja, also...

Lebensentwürfe

Kennen Sie die TV-Familie Heinz Becker mit ihrem Sohn Stefan? Kleinbürgerlich, spießig, familiär, aber immerhin mit Eigenheim. An der Figur des Sohnes können Sie ein interessantes Phänomen studieren: die Ablehnung eines Lebensentwurfes bei gleichzeitiger, wenn auch verfärbter Kopie desselben. Lediglich die Bierflasche des Vaters ist beim Sohn durch eine Colaflasche ersetzt, seine Kappe durch die Lederjacke. Ob es uns passt oder nicht, der Stallgeruch steckt drin, auch in Ihrer Ehe ...

Kultur
Welche Bedeutung hatten Musik und Kunst in Ihren Herkunftsfamilien? Wie sahen die Höflichkeitsetikette, die Tischsitten und die allgemeinen Umgangsformen aus? Galten bei Ihnen zu Hause Zeitabsprachen, im Elternhause Ihres Mannes aber nicht? Wieso wundern Sie sich dann, dass Sie ständig Krach über sein Zu-Spät-Kommen haben? Was Sie als unhöflich empfinden, empfindet er als normal, was Sie als normal empfinden, empfindet er als kleinkariert.

Hier wird einmal mehr deutlich: Auf der affektiven Ebene ist weniger entscheidend, was *an sich* richtig oder geboten wäre, sondern *wie* etwas aufgefasst wird, oder, im Bild unseres Leitthemas ausgedrückt: *wonach etwas duftet.* Rationalisierungen führen hier oft nicht weiter, sondern verstärken den Disput, Wahrnehmungen der Gefühlsprogrammierung meines Ehepartners könnten da schon eher helfen ...

Religion
Besonderer Beachtung ist auch das Spielfeld ‚Glaube, Religion und Kirche' wert. Haben Sie in Ihrem Elternhaus Glauben als lebensbereichernde Duftnote erfahren, Ihr/e Partner/in aber in erster Linie moralinsauer als Vitalitätsbegrenzung, elterlichen Autoritätsersatz und verkappte Sexualneurose, wird diese/r Ihre Begeisterung für Gott kaum nachvollziehen können. Wieder entsteht ein paradoxer Zirkelschluss: Je

mehr Sie die positiven Seiten von Religion herausstellen, desto mehr lösen Sie dadurch Allergien auf der anderen Seite aus, denn Religiosität trägt im Gefühlshaushalt Ihres Ehepartners eine gänzlich andere Duftnote.

Paulus empfiehlt in diesem Falle, sich einfach in Ruhe zu lassen (vgl. 1.Korinther 7,13f).

Die Leitfrage ist nicht, welche Bedeutung Religion für mich hat, sondern welche emotionalen Geruchsnoten aus dem Elternhaus für dich mit ihr verbunden sind.[43]

Sozialverhalten
In welcher Erinnerung haben Sie die Duftnote Sozialverhalten? Gab es in Ihrer Familie Solidarität oder musste jeder selber sehen, wie er oder sie klarkam? Wie wurde über Randgruppen gesprochen? Haben sich die Eltern sozial engagiert, hatten sie ein Patenkind in der Dritten Welt, beteiligten sie sich am Besuchsdienst des örtlichen Altenheimes? Bedenken Sie: Greenpeace-Schwiegereltern haben völlig andere Duftnoten gesetzt als Pseudo-patriotische Ja-Sager, Pflegeeltern völlig andere als neureiche Autolackpolierer und Christen völlig andere als misanthropische Weltverachter ...

Ehe, verbindliche Bindungen und Heimat
Ein unverheiratetes Paar suchte die Beratung auf. Sie schwankte, ihn zu verlassen oder bei ihm zu bleiben. Die beiden hatten 2-jährige Zwillinge, ein Grund dafür, dass sie noch nicht weg war. Sie ist freiberufliche Pianistin, er hatte das Geschäft seines Vaters geerbt. Er war begütert, sie weniger. Er kämpfte um die Beziehung, da er auch stark an seinen Jungen hing.

Was war geschehen? Die Ehe *seiner* Eltern war zerrüttet seit er denken konnte. Ihr Umgang miteinander war menschenverachtend. Sein Vater hatte eine Freundin, eine Beziehung, die den Tod der Mutter überdauert hat und bis heute funktioniert. Die Söhne hatten immer ein sehr gutes Verhältnis zur Freundin ihres Vaters, während die Mutter in ihrer Verletzung allmählich Männer, auch ihre Söhne, verachtete. Der Sohn schloss daraus: ‚Ehe ungleich Liebe'. Die *Frau* war unehelich aufgewachsen. Ein Abtreibungsversuch der Mutter war gescheitert und so war die kleine Tochter unwillkommen. Ihr Grundlebensgefühl war: ‚Ich störe'. Liebe erhielt sie sporadisch von der Großmutter, die nach dem Krieg mit Mutter, Tochter und zwei Tanten geflohen war. Ihr Sozialstatus in der neuen Stadt war denkbar schlecht. Flüchtlinge, unverheiratet und die Mutter führte ein ‚leichtes Leben'. Als die Frau ihren Mann kennen lernte, verliebte sie sich in ihn wegen seiner großen ‚Bodenständigkeit' und war auch angetan von seiner finanziellen Lage. Er liebte ihre Fröhlichkeit und Unkompliziertheit. Erst später merkte er, dass dies eine Maske war, die ihr garantierte, nicht weggestoßen zu werden. Bald waren ihre Kinder unterwegs. Nach anfänglichem Schrecken entschied sie sich für die Kinder und erwartete eine Hochzeit. Ein Nest wollte sie ihnen bereiten, wie sie es selber nicht kannte.

– *Er* wollte jedoch ihre Liebe nicht durch eine Ehe gefährden (wie er es gelernt hatte), schließlich lief ja bisher alles prima. Sie wohnten in seinem großen Haus und er sah keine andere Frau an. Was sollte da der Trauschein?
– *Sie,* gewohnt sich anzupassen, übernahm seine Meinung als eigene und lehnte die (insgeheim erhoffte) Hochzeit als spießig ab. Die Schwangerschaft verläuft kompliziert und sie fühlte sich einsam mit ihrer Trauer. Nach der Geburt fiel sie in eine Depression. Schuld musste die Beziehung sein, denn vorher ging es ihr ja besser. Sie wollte gehen, bevor er sie wegschicken konnte. Um ihr Gesicht nicht zu verlieren, woll-

te auch sie vom Opfer zum Täter werden. Aber was nahm sie damit ihren Kindern? Der Konflikt und die Verantwortung drückten sie weiter nieder. Je länger sie aber blieb, desto weniger konnte sie gehen.

Das Problem bestand in diesem Falle in der *unterschiedlichen grundsätzlichen Bewertung von Ehe*. Für ihn war sie das Gegenteil von Liebe, also Hölle, für sie war sie der lang ersehnte Himmel. In der Aufarbeitung dieser allergisch aufeinander reagierenden Stallgeruchsnoten hätte ihre Zukunft gelegen. So aber standen sie vor der Trennung, obwohl sie sich wirklich liebten.

b) Da war nicht dran zu denken – Tabus

Oft steckt Konfliktpotenzial weniger in dem, worüber gestritten wird, als in dem, worüber noch *nie* gestritten wurde. In jeder Familie gab und gibt es sogenannte *Tabus,* Bereiche, deren Bewusstwerdung chronisch vermieden wird.

Unter einem Tabu, ursprünglich ein Verbot bestimmter Handlungen bei primitiven Völkern, wird von *S. Freud* die Lösung eines Triebkonfliktes durch Abdrängung ins Unbewusste und von der *Sozialpsychologie* ein soziales Verbot ‚mit irrationaler Grundlage' verstanden.[44]

Tabus stellen – emotional betrachtet – ‚wunde Punkte' dar, vermintes Gebiet, an das zu rühren explosiv sein kann.

Rosenkrieg
Ein Ehepaar befand sich bereits im Rosenkrieg. Er attackierte sie bis aufs Messer, sie verlor regelmäßig die Fassung. Nach Monaten, ja nach Jahren wurde klar: Es ging ihnen schon lan-

ge nicht mehr um Lösungen, sondern ihr Krieg war reiner Selbstzweck. Warum?

Sie war groß geworden in einer ‚heiligen Familie'. Einige ihrer Stereotypen waren: ‚Bei uns zu Hause hätte es dies nie gegeben. Bei uns herrschte immer Frieden. Mutti hat nie ... Vati hat immer ...'
Er war groß geworden unter einer herrischen Mutter und einem Vater, der seine Hilflosigkeit bis zur Leberzirrhose ersoff. Streit gab es nie, denn alleine kann man schlecht streiten. Er sprach oft: ‚Vater hätte besser ... das hätte ich mir nicht bieten lassen ... was für ein Loser...'

Im Stallgeruch beider war somit Streit ein Tabu. *Sie* identifizierte sich damit und brachte viel unausgesprochene Wut mit in die Ehe. Überstaut ‚rastete' sie unkontrolliert immer wieder ‚aus', ganz gegen ihr neurotisches Ansinnen, den Mythos der sanftmütigen Familie zu erhalten. In ihren Wutausbrüchen kehrte die verdrängte Aggression als ‚familiärer Schatten' wieder. *Er* hatte erlebt, wie sein Vater durch die Streitunfähigkeit der Eltern zusehends verfiel und litt unter dessen Machtlosigkeit. Er schloss daraus: Aggressionshemmung bedeutet Tod. Die Wut darüber brachte er mit in seine Ehe.

Auf diesem gemeinsamen Pulverfass saßen nun die beiden mit ihren Kindern. *Sie* kämpfte mit Wut und Aggression gegen Streit – ein Paradoxon, wie es auch bei Revolutionären auftritt –, *er* wollte streiten, um Leben zu spüren und empfand ihr Bestreben als Manifestation des Todestriebes, ein Teufelskreis, aus dem nur professionelle Hilfe herausführen kann. Hätten sie beide auf ihren Stallgeruch geachtet, hätten sie sich nicht so unsinnig verletzt. Sie hätten gewusst: Diese hochexplosiven Düfte galten jemand ganz anderem ...

Ehe wir mit Schatten kämpfen

... sollten wir uns die internalisierten Werte und Tabus vergegenwärtigen

... sollten wir uns fragen:
Was bin ich gewohnt und was trägt für mich den Stempel des völlig Selbstverständlichen?
Was bist Du gewohnt und was ist mir völlig fremd, manchmal sogar suspekt?

Merke

Emotional wirkt primär nicht, was ‚an sich richtig ist', sondern was entweder vertraut oder exotisch *duftet*

Duften dieselben Dinge für uns unterschiedlich, hilft kein Streit – nur gegenseitiges Beschnuppern

Explodierende Duftnoten gelten meist einem Schatten der Vergangenheit

10. „Deine Mutter kommt mir nicht ins Haus“

Wie sieht es heute aus?

Eine weitere Schnupperkunst betrifft unsere Beziehung zu den Schwiegereltern heute, zumal, wenn sich unsere Wahrnehmung der Personen heute mit der Stallgeruchserinnerung unserer Ehepartner nicht deckt, sei es, dass sie heute andere Menschen geworden sind, sei es, dass dieselben Charakterzüge bei uns heute etwas gänzlich anderes als bei unserem Ehepartner damals auslösen. Werden in einer Beratung solche Zusammenhänge aufgedeckt, fallen die Groschen meist kiloweise.

Betrachten wir ein Beispiel:

Wo ist der Bär?
Ein Paar arbeitete im Betrieb seines Vaters als Teilhaber. Immer wieder gerieten sie in Streit, wenn es darum ging, dass der Ehemann seinem Vater Verbesserungsvorschläge unterbreiten sollte. Er drückte sich davor, wo er nur konnte. Er schien panische Angst vor einer eventuellen Konfrontation mit dem Vater zu haben. Seine Frau verachtete ihn dafür. Ihr Schwiegervater war doch ein ganz umgänglicher Mensch. Sicher, manchmal konnte er zornig werden, aber das war doch wirklich selten. Ihr Mann sagte ihr: „Du kennst ihn nicht. Ich bin wie gelähmt, wenn ich vor ihm stehe und bekomme manchmal kein Wort mehr heraus“.

Was war los? *Er* hatte das innere Bild seines Vaters aus der

Kindheit bewahrt und niemals verändert. Damals war der Vater 30-40 Jahre jünger, ein Bär von einem Mann, groß und selbstbewusst, der innerhalb der Familie sagte, wo es lang zu gehen hatte. Man widersprach ihm nicht. Er duldete auch keinen Widerspruch, weder privat noch im Betrieb, den er aufgebaut hatte und sehr erfolgreich führte. So kannten ihn seine Kinder. Die *Schwiegertochter* lernte ihn als 30jährige kennen. Der ‚Bär' war inzwischen über 60, grau, ohne eigene Zähne, liebevoll brummend, eben ein großer gemütlicher ‚Teddybär' (so wie ihn auch die Enkel beschreiben würden). Vor ihm brauchte man keine Angst mehr zu haben, wenn man es nicht zu weit trieb, denn dann konnte auch der alte Bär noch knurren.

So hatte dieses Ehepaar völlig unterschiedliche Bilder vom Seniorchef im Kopf. Das Bild in *seinem Kopf* entsprach nicht dem Bild vor *ihren Augen*. Er konnte nicht verstehen, warum sie so furchtlos war, sie konnte nicht verstehen, was ihn so lähmte. Sie hatten doch mit ein und derselben Person zu tun – oder etwa nicht ...?[45]

Dieses Beispiel zeigt übrigens, wo der Vorteil der frühen Bindung liegt:

– Je früher sich zwei Menschen kennen lernen, desto mehr vom schwiegerelterlichen Stallgeruch atmen sie selbst mit ein.
– Lernen sie sich erst spät kennen, müssen sie sich ihre persönlichen Duftnoten umständlich erklären, was ungefähr damit vergleichbar ist, zu erklären, wie Vanilleeis schmeckt ...

Hätte diese Frau den ‚jungen Bären' noch gekannt, sie würde ihren Mann vielleicht verstehen.

Wie sieht nun Ihr Verhältnis zu Ihren Eltern und Schwiegereltern heute aus? Haben Sie vielleicht *guten* Kontakt miteinander, weil

– Sie sich von Kindheit an kennen
– sich die Elternhäuser so ähnlich sind
– Sie beide familienbewusst sind
– Eltern bzw. Schwiegereltern als Babysitter so praktisch sind
– Sie finanziell noch nicht auf eigen Füßen stehen?

Oder ist Ihr Verhältnis *belastet,* weil

– Sie mit Ihrer Vergangenheit nichts mehr zu tun haben wollen
– Ihnen vielleicht der Schichtensprung geglückt ist und Ihnen Ihre Wurzeln peinlich sind
– Sie an alte Verletzungen nicht mehr erinnert werden wollen
– Sie endlich nicht mehr als ‚Kind' betrachtet werden wollen
– Sie Konflikte nicht lösen können oder wollen
– Sie sich Ihrer Eltern schämen
– Sie vorwiegend mit sich selbst beschäftigt sind
– Sie Menschen nur ‚lieben', solange Ihnen dies ‚etwas bringt'?

Was uns hier interessiert, ist diese Fragestellung im Hinblick auf Ihre Ehe. Wo entstehen Konflikte darüber in Ihrer Partnerschaft?

Unerledigte Ablösung – vornehmlich der Kinder

In einer Ehe waren die Eltern des Mannes ein ständiges Konfliktthema. Nach der Arbeit ging er erst kurz zu seiner Mutter, dann kam er nach Hause. Finanzielle und berufliche Entscheidungen besprach er zuerst mit seinem Vater, erst dann mit seiner Frau. In die Erziehung der Kinder ‚funkten' die Eltern unaufhörlich hinein. Familienfeste verliefen regelmäßig nach dem Plan seiner Eltern. Sie hatte sich angeblich von ihren Eltern gelöst. Der Kontakt blieb auf ein Minimum beschränkt. Sie würde niemals ihre Eltern um Rat fragen oder ein vertrauliches Gespräch mit ihnen führen. Sie waren schließlich ‚von gestern' und konnten überhaupt nicht mitreden. Auch als Babysitter taugten sie nicht, denn Kinder erziehen, das konnten sie schon gar nicht. Die Ehefrau erwartete von ihrem Mann endlich einen Affront gegen seine Eltern, der Ehemann hielt seine Frau für lieblos und zänkisch.

Was war hier los?

Er war seinen Eltern gegenüber nie aus der ‚Kleinkindphase' herausgekommen. Sie taten alles für ihn und das war ganz schön bequem. So blieben sie für ihn das ‚Maß aller Dinge', eine Würde, die strenggenommen nur Gott zukommt. Sie waren halt ‚Mutti und Vati', warum sollte er daran auch etwas ändern? Hoffentlich blieben sie noch lange bei Kräften, denn er brauchte sie. Das Schlimmste für ihn wäre ihr Tod. Vater und Mutter ‚verlassen', wie die Bibel empfiehlt, hatte er nie[46], daher war er auch im eigentlichen Sinne noch kein ‚Mann' (vgl. 1.Mose 2,24). Dabei hatten sie sich bei ihrer Hochzeit nicht weniger als die *Umkehrung ihrer Primärbeziehungen* versprochen[47]! *Sie* dagegen war entwicklungspsychologisch im Stadium der Pubertät stecken geblieben. Ihre Jugend war ein ständiger Machtkampf gewesen, der bis heute nicht entschieden war. Nun stiegen sie und ihre Eltern nicht mehr gemeinsam ‚in den Ring', was sie für Selbständigkeit hielt. Aber psychologisch betrachtet bleibt ein ‚Nein-Sager' genauso auf seine Vorlage bezogen wie ein ‚Ja-Sager'. Viel Unerledigtes schleppte sie in ihrer Seele mit sich herum. Wie wird sich dies wohl aktualisieren, wenn ihre eigenen Kinder in die Pubertät kommen?

Die *Ablösungsproblematik* wird von mehreren Faktoren beeinflusst[48]:

– Identitätsgefestigte Kinder lösen sich schneller ab als zurükkgehaltene
– Erziehung zur Selbständigkeit erlaubt Kindern frühzeitig Trennungen
– Haben sich Kinder gern und lange der Fürsorge ihrer Eltern bedient, werden sie dies in der neuen Familie weiterhin tun.

Den beiden aus unserem Fallbeispiel jedenfalls steht die gesunde Ablösungsphase noch bevor – ein weiter Weg!

Unerledigte Ablösung – vornehmlich der Eltern
Die Psychologie spricht von einer ‚Leere-Nest-Depression' bei Eltern, deren Leben ausschließlich auf das Familienprojekt ausgerichtet war und bleibt[49]. Nach dem Auszug der Kinder empfinden sie das ‚leere Nest' als schmerzlich, daher wollen sie ihr Eltern-Sein verlängern. Korreliert eine solche Entwicklungsverweigerung mit der Schwierigkeit des Kindes, sich in der neuen Rolle als Ehepartner zurechtzufinden, kulminieren zwei infantile Regungen. Dies kann die neue Beziehung stark belasten.

‚Böse Schwiegermutter'
Ein Wort noch zum verbreiteten Klischee der ‚bösen Schwiegermutter'. Nach neueren Umfragen ist das Image der

‚Schwiegerleute' in Deutschland überraschend hoch. Es schwankt allerdings zwischen einzelnen Altersgruppen[50]:

– Junge Frauen zwischen 20 und 35 sehen ihre ‚Schwiegerleute' generell positiv
– Frauen zwischen 35 und 40 haben an ihnen viel zu kritisieren
– Frauen zwischen 40 und 65 haben sehr viel an ihnen zu kritisieren
– Männer erwarten nichts bis wenig von den Schwiegermüttern, im mittleren Alter haben sie allerdings viel Positives an ihnen entdeckt.

„Das Klischee von der ‚bösen Schwiegermutter' wird also hauptsächlich von Frauen mittleren Alters aufrechterhalten, in einem Alter, wo sie selbst meist in die Rolle der Schwiegermutter geraten".[51]

Ehe wir mit Schatten kämpfen

... sollten wir die Generationenbeziehungen in ein entwicklungspsychologisch adäquates Stadium führen

... sollten wir zwischen den Eltern und Schwiegereltern von heute und deren ‚Bild von damals' unterscheiden lernen

... sollten wir gelegentlich mal über diese Zusammenhänge sprechen, am besten miteinander

Merke

In Ihren Schwiegereltern steht der personifizierte Stallgeruch Ihre/s Ehepartners/in vor Ihnen

Je früher Sie sich kennen gelernt haben, desto mehr Duftnoten haben Sie gemeinsam geschnuppert. Das ist der tiefste Grund für den Satz: *Jung gefreit – nie gereut.*

11. Und was werden unsere Kinder einmal sagen ...?

Wir haben uns lange mit unserem Elternhaus beschäftigt. Wir haben Stallgeruchsduftnoten geschnuppert, Dankbarkeit entwickelt, angefangen zu erahnen, wo gegenwärtige Unstimmigkeiten ihre Ursachen haben könnten. Bedenken wir nun, falls wir selber Eltern sind oder einmal werden wollen, was unsere Kinder zur Zeit an uns erleben und lernen. Was werden sie einmal sagen?

a) Beziehungskrisen haben Gründe

Die meisten Trennungen hängen damit zusammen, dass „ein oder beide Partner die Ehe ihrer Eltern als nicht gut bezeichnen"[52] und häufige Partnerwechsel resultieren meist aus einer der drei folgenden Erfahrungen[53]:

– „Die Partnerschaft der Eltern wurde als langweilig oder verbittert oder voller Streit erlebt..."
– „Die bindungsschwache Person hatte als Kind einen guten Kontakt nur zu einem Elternteil..."
– Die bindungsschwache Person hatte „zu Hause eine Partnerersatzfunktion..."

Dies braucht man nicht kommentieren, zur Kenntnis nehmen reicht ...

b) Kinder machen alles nach

In den zehn Geboten sagt Gott: *„Du sollst deinen Vater und deine Mutter ehren, auf dass du lange lebest in dem Land, das dir der Herr, dein Gott, geben wird"* (2.Mose 20,12).

Viele Generationen lang wurde dieses Gebot missverstanden bzw. missbraucht, und zwar zur Verlängerung fehlender elterlicher Autorität in obrigkeitsverliebten Zeiten. ‚Eltern ehren' hieß damals ‚den Eltern gehorchen'. Im Nachsatz dieses Gebotes aber wird historisch eine ganz andere Intention deutlich: *„auf dass du lange lebest ..."*. Das Gebot galt nämlich ursprünglich gar nicht Kindern, sondern Erwachsenen, und zwar erwachsenen Israeliten aus alttestamentlichen Zeiten[54].

In Zeiten zwischen nomadischer Wüstenexistenz und Sesshaftwerdung, in Zeiten ohne Rentenversicherung, Altenheime und staatliche Fürsorge war die alte Generation existentiell gefährdet, sobald sie die Arbeitsfähigkeit verlor. Dann war sie angewiesen auf die materielle Unterstützung durch ihre Kinder. Diese sollten schon frühzeitig am Modell ihrer Eltern lernen, wie solche Versorgung einmal auszusehen hat. Im Klartext: In dem Maße, in dem unsere Kinder an uns beobachten können, wie wir uns um unsere hilfsbedürftigen Eltern kümmern, werden (bzw. sollen) sie sich in unserem Alter auch um uns kümmern. Und nur deshalb konnten die alten Israeliten *„lange leben in dem Land"*. Die Gebot ist nichts Geringeres als ein antiker Generationenvertrag.

Die ‚Eltern ehren' heißt demnach nicht, regressive Kniefälle in ambivalentem Respekt vor deren Über-Ich-Schatten zu vollziehen, sondern ihnen alle Würde, alles Recht und alle Hilfe zukommen zu lassen, die nötig und angemessen sind.

– Erst haben wir unsere Eltern gebraucht, einst werden sie uns brauchen – bitte nie vergessen!
– Und: Jetzt brauchen uns unsere Kinder, einst werden wir sie brauchen – bitte auch nie vergessen!

Patzige Pubertis
Freunden fiel auf, dass die Kinder eines Paares, 10 und 15 Jahre alt, auffallend schlecht mit ihren Eltern umgingen, weit über die gewöhnliche pubertäre Großmäuligkeit hinaus, die beim jüngeren auch verfrüht wäre. Sie hörten nicht zu, wussten alles besser, forderten ständig ein, gaben ihren Eltern für sämtliche Missgeschicke die Schuld und weigerten sich, Verantwortung zu übernehmen. Die Eltern konnten sich dieses Verhalten nicht erklären, taten sie doch ‚alles' für ihre Sprösslinge.

Was war los? Bei Familienfeiern wurde klar, wo die Wurzel des Übels lag. Die Eltern der Mutter waren bereits verstorben, worüber sie sehr erleichtert war, die des Vaters waren sympathische alte Leute. Der Vater reagierte jedoch allergisch auf seine Eltern, fuhr ihnen über den Mund, machte sie lächerlich, war ihnen gegenüber ständig aggressiv, obwohl sie bis heute ‚alles' für ihn taten, besonders finanziell. Er war immer ihr ‚Bester', nach Strich und Faden verwöhnt. Das nahm er ihnen nun übel, denn er kam einfach nie so recht auf eigene Füße. Bis heute saß er ‚im Buggy' seiner Eltern. Diese Unselbständigkeit, die er an sich selbst hasste, warf er ihnen unbewusst vor. Er versuchte, sie mit Aggression abzustoßen, unreif, aber nicht überraschend, denn diese Beziehung war viel zu eng, fast pathologisch. Von seiner Frau erwartete er unbewusst dieselbe Verwöhnung, die sie ihm natürlich nur unzureichend geben konnte. Daher war ihre Ehe zerrüttet. Seine eigenen Kinder verwöhnte er wieder, denn so hatte er es gelernt. Die Kinder lernten an seinem Beispiel, wie man mit Eltern umgeht. Außerdem hielt ihr problematisches Verhalten die Ehe ihrer Eltern zusammen. Sie hatten davon einen doppelten Gewinn, denn die erlernte Aggression war zugleich ein vordergründig funktionierender ‚Kittversuch'. Was war hier verwunderlich?

c) Was wollen Sie ihren Kindern mitgeben?

Gelegentlich kommt der Beratungsprozess an einen Punkt, an dem der Blick auf die Folgen des Ehekonfliktes für die Kinder gelenkt werden muss. Die Frage lautet dann: Was wollen Sie ihren Kindern mitgeben? Sind sie so in Ihre eigene Problematik verstrickt, dass Sie im Begriff sind, Ihre Souveränität als Eltern aufzugeben?

– Was lernen Kinder, deren Eltern sich ständig bekämpfen?
– Was lernen Kinder, deren Vater Konflikte scheut?
– Was lernen Kinder, deren Mutter ihren Mann bevormundet und entwertet?
– Was lernen Kinder, deren Eltern sich bei Krisen fallen lassen und sich trennen?
– Was lernen Kinder, deren Eltern ständig mit sich selbst beschäftigt sind?
– Was lernen Kinder, deren Eltern ihre eigenen Eltern missachten?

Hier gilt der alte Satz:

Egal, wie du deine Kinder erziehst, am Ende machen sie doch alles nach.

Ihre Kinder werden höchstwahrscheinlich Ihren Umgang mit Ihren Eltern später kopieren. Er gehört zu ihrem Stallgeruch.

So haben sie's gelernt. Immerhin war C.G. Jung der Auffassung, dass Kinder „durch nichts stärker beeinflusst werden als durch die stummen Fakten des Familienlebens oder das Flüstern der Wände – das im Leben der Eltern zwar greifbar, aber unartikuliert bleibt"[55]. So werden wir wohl auch in Stallgeruchsangelegenheiten *‚mit dem Maß, mit dem wir unsere Eltern messen, von unseren Kindern wieder gemessen'* (frei nach Matthäus 7, 2).

Es gibt heute 45-jährige Frauen, die immer noch voller Groll auf ihre Eltern sind und darüber ihre Kinder vernachlässigen. Die Vergangenheit ist wichtig und ihre Kenntnis aufschlussreich, aber dies dient zur *Bewältigung*, nicht zur *Verweigerung* der Gegenwartsaufgaben. Der Blick auf die Fehler der Eltern kann nur allzu leicht von den eigenen ablenken und das wäre nicht im Sinne des Erfinders, der gekommen ist, um uns vom Bösen zu *erlösen* (Markus 10,45).

Übrigens, Vergebung[56] wirkt in diesem Zusammenhang Wunder ...

Alles in allem sollten wir unsere Familie ein ‚Trainingsfeld für partnerschaftliche Beziehungen'[57] sein lassen.

Wem diese Aufgabe zu groß erscheint, dem möchten wir an dieser Stelle eine alte Weisheit ans Herz legen:

„Es ist gar nicht so wichtig, was du im

Leben machst, die Hauptsache ist, du kannst sagen: Ich habe mein Bestes gegeben".

Ehe wir Schatten produzieren

... sollten wir bedenken, dass die Beziehungsfähigkeit unserer Kinder von unserer eigenen Beziehungsfähigkeit genährt wird

... sollten wir unsere Vergangenheit kennen, aber nicht, um sie als Alibi zu missbrauchen

Merke

Egal, wie wir unsere Kinder erziehen, am Ende machen sie doch alles nach

Richtgeist eliminiert Liebe

Alte Wunden heilen durch Vergebung

12. Das Wichtigste zuletzt: Gottes Tipps zum Schattenkampf (1.Mose 2,24 – 2.Mose 20,12)

Wir sind am Ende unseres kurzen Einblicks in die Duftnoten unseres Stallgeruchs, der Grundstrukturen der familiären Prägungen, angelangt. Noch einmal: Wichtig ist nicht so sehr, ob unsere Thesen immer und in jedem Falle stimmen – keine Regel ohne Ausnahmen –, wichtig ist, wie die entsprechenden Strukturen bei *Ihnen beiden* aussahen und wie sie sich heute auswirken. Sie kennen sich erst, wenn Sie sich *inklusive* Ihrer Familiengeschichte kennen. Seine Vergangenheit zu vergegenwärtigen eröffnet Zukunft. Dabei geraten wir in einen dialektischen, bisweilen widersprüchlich anmutenden Prozess:

– Einerseits gilt es, die Grundmuster der Kindheit durchschauen zu lernen und an Bewährtem festzuhalten, so wie Paulus einst schrieb: *„Prüfet alles und das Gute behaltet“* (1.Thessalonicher 5,21).
– Anderseits aber gilt es auch, sich von Nichtbewährtem freizumachen und in diesem Sinne *„Vater und Mutter zu verlassen“* (1.Mose 2,24).

Persönlichkeitsreifung besteht immer aus den Faktoren Annahme und Überwindung, Wertschätzung und Rebellion, Liebe und (Selbst)kritik. Genau diese Dialektik findet sich in biblischen Aussagen zum Stallgeruch:

a) Die Eltern ‚ehren'

Was ‚Eltern ehren' historisch hieß und heute pädagogisch heißen kann, haben wir eben gezeigt. Für unsere Fragestellung tritt ein weiterer Aspekt hinzu: Die Eltern ehren, das heißt auch, Dankbarkeit und Wertschätzung für alles zu entwickeln, was wir ihnen verdanken und was sie uns mitgegeben haben. Zwanzig Jahre ihres Lebens haben sie investiert, damit wir das werden konnten, was wir heute sind. Sie haben – wenn's gut gelaufen ist – gegeben ohne Ende: erst schlaflose Nächte, dann endlose Elternabende, später mit Pubertätsgeflüster durchdiskutierte Nächte, die teure Studentenbude, endlich die Finanzierung der Hochzeit ... ‚They tried to teach us right from wrong', frei nach *Terry Jacks*[58].

Mit anderen Worten: Sie erzeugten unseren Stallgeruch. Und vieles daran duftet gut. Wir sollten's nicht vergessen.

Bedenken Sie: Ein Großteil der in diesem Buch beschriebenen Konflikte resultiert nicht daraus, dass unsere ‚Ställe stanken', sondern daraus, dass nicht alle Duftnoten aus unterschiedlichen Ställen beliebig und problemlos kombinierbar sind. Ein neues Parfüm entsteht erst durch die Kunst der Komposition, eine gute Ehe auch.

b) Die Eltern ‚verlassen'

So heißt ‚Eltern ehren' auch, das ‚Gute zu behalten'. Aber was ist mit dem Rest, mit Geruchsnoten, die ich mittlerweile nicht mehr ertrage, Moral, die mir zu eng oder zu weit ist, Muster, die mich manipulieren, Tabus, deren Verdrängungsenergie mir die Luft nimmt? Die bereits mehrfach angedeutete (vgl. vor allem Kap. 10) biblische Antwort lautet:

Wir werden *„Vater und Mutter verlassen"* (1.Mose 2,24).

Der familiäre Stallgeruch prägt intensiv, aber er soll nicht zum Schicksal werden. Die bewusste Auseinandersetzung mit den einzelnen Duftnoten kann zur willentlichen Übernahme der einen, aber auch zur entschiedenen Überwindung der anderen führen.

– Bleibt unsere ‚Über-Ich-Revolution' in einer pubertären Phase stecken, werden wir alles Überkommene pauschal ablehnen, und doch allem – jetzt nur negativ – verpflichtet bleiben.
– Gelangt sie auf eine reflektierte ‚Ich-Ebene', werden wir differenzieren, das Gute behalten, das Ausbaufähige optimieren, das Überholungswürdige bearbeiten und das Überholte verlassen.

Der Stallgeruch ist ein Startkapital und noch nicht die Überschussbeteiligung. Das Axiom ‚Das hab ich so gelernt' kann nicht ernsthaft der letzte Stand unseres Lebensentwurfs sein und der Vorwurf ‚Ja ja, bei euch zu Hause' auch nicht.

So besteht die Entwicklung unserer Beziehung aus einem dialektischen Prozess, wie er auch in den eingangs zitierten Bibelversen zum Ausdruck kommt. Einerseits verfolgt uns alles bis ins ‚vierte Glied' (2.Mose 20,5f), das riecht nach Schicksal, andererseits sind wir selber verantwortlich (Hesekiel 18,20), das duftet nach Mündigkeit. Beides stimmt:

– Wir müssen unsere Eltern ‚ehren' *und* ‚verlassen'.
– Wir müssen unseren Stallgeruch ‚nutzen' *und* ‚überwinden'.
– Wir müssen ‚Duftnoten schnuppern' *und* ‚neu komponieren'.

c) Den Anderen anders sein lassen

„Wüssten beide, dass sie die Partnerwelt mit unterschiedlichen Augen und Ohren erleben und dass diese unterschiedlichen Augen und Ohren ihnen von zu Hause mitgegeben wurden, dann hätten sie wahrscheinlich die Möglichkeit, sich auf diese andere Welt einzulassen".[59] Erkenntnis und Wahrnehmung unserer heimatlichen Duftnoten sind das eine, der Umgang damit ist das andere. Drei Kriterien haben sich in dieser Hinsicht als hilfreich erwiesen:

Wertungen vergiften
Sich die reine Existenz individueller Duftnoten vorzuwerfen, kommt der Ablehnung des Partners gleich. Wie sich Eheleute nicht ernsthaft Größe, Haarfarbe und Alter vorwerfen können, so auch nicht ihren Stallgeruch. Wir sind immer nur *mit* unserer Biographie zu haben, niemals ohne sie. Auch

hier gibt die Bergpredigt einen wirklich konstruktiven Hinweis:

„Richtet nicht, damit ihr nicht gerichtet werdet ... Was siehst du den Splitter in deines Bruders Auge und nimmst nicht wahr den Balken in deinem Auge?“ (Matthäus 7,1.3)

Toleranz würdigt

Jeder hat ein Recht darauf, anders sein zu dürfen. In Analogie zu Grundgesetz und Menschenrechten könnte man sagen: „Niemand darf wegen seines Stallgeruchs benachteiligt werden“. Alles andere wäre strenggenommen Entzug eines menschlichen Grundrechtes.

Und was dem Gesetz recht ist, das sollte doch der Liebe billig sein, oder?

Paulus schreibt: *„Nehmt einander an, wie Christus euch angenommen hat, zu Gottes Lob“* (Römer 15,7).

Liebe profitiert

Aber ‚Liebe trägt nicht nur alles' (1.Korinther 13,7), sie profitiert auch. Die innere Haltung ‚Was hast du, was ich nicht habe?' gehört nämlich auch zum *Lebensstil gegenseitiger Bereicherung*. Sie vermag das Fremde ihres Gegenübers als Kompensation des eigenen Defizits aufzufassen und zu integrieren. Gott schuf *„den Menschen“* als *„Mann und Frau“* (1.Mose 1,27). Erst gemeinsam werden wir *„ein Leib sein“* (1.Mose 2,24), ein neues Ganzes. Vielleicht braucht *sie* den kleinkrämerischen Anteil ihres Mannes, weil sie sonst im Chaos versänke. Vielleicht braucht *er* ihre Feierfreudigkeit, weil sein Leben ansonsten nur noch aus Arbeit bestünde. Die beschriebenen Komplementärstrukturen sind hier besonders aufschlussreich. So *„trägt"* die Liebe nicht nur *„des andern Last"* (Galater 6,2), sondern sie *„dient"* (1.Petrus 4,10) sich auch.

d) Gott überlichtet die Schatten

Die äußerst missverständlichen und familienfeindlich klingenden Passagen, die sich im Neuen Testament auch finden (vgl. besonders Markus 10,29, Matthäus 8,22, Lukas 14,26 u.ö.) verfolgen wohl in psychologischer Hinsicht genau dieses Ziel: Sie relativieren den Stallgeruch von einer vermeintlich *endgültigen* zu einer in Wahrheit *vorläufigen Prägung.* In neutestamentlicher Zeit stabilisierte der Sippenkodex zwar die mediterrane Gesellschaft, verhinderte zugleich aber auch die individuelle Emanzipation[60]. Jesus verkündigte und repräsentierte daher einen alle menschliche Schatten überlichtenden *letzten Wert:* Die Freiheit durch Gott.

– *„Es ist dir gesagt, Mensch, was gut ist ... nämlich Gottes Wort halten"* (Micha 6,8).
Seine Weisung (Thora) ist größer und weiter als jeder tradierte Moralkodex.
– *„Siehe, ich mache alles neu"* (Offenbarung 21,5).
Gottes Perspektive eröffnet eine alle menschliche Erkenntnis transzendierende Dimension.
– *„Ist jemand in Christus, so ist er eine neue Kreatur; das Alte ist vergangen, siehe Neues ist geworden"* (2.Korinther 5,17)

Der Glaube erlaubt und ermöglicht uns bewusste Innovationen eingefahrener, unbewährter Verhaltensmuster. Indem wir Ihn ‚anziehen', ziehen wir einen ‚neuen Menschen' an (Epheser 4,24), so dass der ‚alte Mensch' seinen Einfluss verlieren kann.

Gott *überlichtet* auf diese Weise unsere Schatten. Psychologisch gewinnt das, was der Glaube ‚von neuem geboren werden' (vgl. Johannes 3, 3) nennt, Gestalt in einer wachsenden Reife der Persönlichkeit, die zunehmend fähig wird, tradierte Duftnoten bewusst zu schnuppern, sie zu genießen oder zum Verduften zu bringen, ohne aber sich jemals von ihnen beherrschen zu lassen. Die Gottesperspektive *stabilisiert* nicht unsere Über-Ich-Inhalte, sie *transzendiert* sie. Warum? Weil es für Menschen nicht gut ist, falschen Göttern zu dienen (2.Mose 20,3) – auch nicht dem noch so duftenden Stallgeruch.

Literaturhinweise und Anmerkungen

[1] Vgl. den hochinteressanten Artikel von *R. Staats*, Der Ursprung des Wortes ‚Bildung' und die Wissenschaftsethik Adolf von Harnacks, in: Theologische Literaturzeitung 127 (2002) 591-608.

[2] Vgl. zum exegetischen Hintergrund des Bilderverbotes *W. H. Schmidt*, Alttestamentlicher Glaube in seiner Geschichte, Neukirchen-Vluyn, 4. Aufl. 1986, 83-90.

[3] Zur *theologischen* Diskussion um den Begriff der Erbsünde vgl. *Chr. Gestrich*, Die Wiederkehr des Glanzes in der Welt. Die christliche Lehre von der Sünde und ihrer Vergebung in gegenwärtiger Verantwortung, Tübingen, 2. Aufl. 1996, 257-283.

[4] Vgl. zum Ganzen *F.-J. Hehl*, Von der Herkunftsfamilie zur Paartherapie. Die Abhängigkeit zwischen frühen familiären Erfahrungen und späteren Beziehungsproblemen, Heidelberg 2002;
N. Wassermann Cocola, Zu sechst im Bett. Wie Eltern und Schwiegereltern in jeder Ehe mitmischen, München 1999;
R. Ruthe, Eins und eins sind wir. Acht Strategien für eine lebendige Partnerschaft, Moers 1999, 88-99;
R. Sanders, Zwei sind ihres Glückes Schmied. Ein Selbsthilfeprogramm für Paare, Paderborn 1998, 58-64

[5] Vgl. zur Partnerwahl *A. Y. Napier*, Ich dachte meine Ehe sei gut, bis meine Frau mir sagte, wie sie sich fühlt, 3. Aufl. Zürich 1991, 225-246, bes. 227f und 244ff.

[6] Vgl. zu Freud *J. Rattner, G. Danzer*, Liebe und Ehe. Zur Psychologie der Zweierbeziehung, Darmstadt 2001, 13f.

[7] Vgl. zur Grundlegung dieser Klassifizierung die wichtigen Ausführungen bei *M. Mary*, Schluss mit dem Beziehungskrampf. Wie die Frau sich nicht mehr vernachlässigt und der Mann sich nicht mehr eingeengt fühlt, Zürich 1992, 61-91.

[8] Diese Kategorien stammen aus der Transaktionsanalyse nach *Thomas Harris* und *Eric Berne*.

[9] *Napier*, Ehe, aaO, 365ff.

[10] *J. M. Gottmann*, Die 7 Geheimnisse der glücklichen Ehe, New York München 1999, 92f. *F.-J. Hehl* hat zur Anamnese dieser Faktoren einen ‚Herkunftsfragebogen' entwickelt, aaO. Hilfreich ist auch das Frageraster in *R. Ruthe*, Eins und eins, aaO, 88-99.

[11] In: *Gottmann*, aaO, 158.

[12] Vgl. hierzu *E. Zenger*, Das Buch Ruth, ZB AT 8, Zürich 1992.

[13] Vgl. hierzu unten Kap. 12.

[14] Aus: *Rheinische Post* vom 14.8.02, 4.

[15] Vgl. u.a. *A. Napp-Peters*, Familien nach der Scheidung, München 1995.

[16] Vgl. *Lehnert*, Zoff, aaO, 13-15.

[17] Vgl. *Hehl*, aaO, 106-108.

[18] *M. Mary*, Zwölf Beziehungskiller und wie man sie vermeiden kann, Zürich 1999, 16; vgl. *V.* und *F. Lehnert*, Ehe wir uns verlieren. Wenn Paare Eltern werden. 12 Denkanstöße, Neukirchen-Vluyn 2001, 50.

[19] *Mary*, aaO.

[20] Vgl. *Lehnert*, Ehe wir uns verlieren, aaO, 48-63.

[21] *M. Mary*, 5 Wege, die Liebe zu leben, Hamburg 2002, 129ff.

[22] *V.* und *F. Lehnert*, Ehe der Zoff uns scheidet. Was Sie tun können, bevor Sie was tun müssen, 12 Denkanstöße, Neukirchen-Vluyn, 3.Aufl. 2002, 21ff.

[23] *Lehnert*, Zoff, aaO, 17-20.

[24] Vgl. *Sanders*, Schmied, aaO, 59 und *Gottman*, , aaO, 77.

[25] Vgl. das hochinteressante Buch von *A. Wunsch*, Die Verwöhnungsfalle. Für eine Erziehung zu mehr Eigenverantwortlichkeit, München 2000.

[26] Vgl. oben Kap. 3 b)

[27] Vgl. *M. Mary*, Beziehungskiller, aaO, 16f.

[28] Vgl. *Lehnert*, Ehe wir uns verlieren, aaO.

[29] Vgl. hierzu unsere Überlegungen zum psychologischen Verständnis des christlichen Rechtfertigungsglaubens in Ehe wir uns verlieren, aaO, 72-76.

[30] Vgl. *J. G. Woitiz*, Um die Kindheit betrogen. Hoffnung und Heilung für erwachsene Kinder von Suchtkranken, München 4.Aufl. 1998.

[31] Zur Impotenz und anderen Sexualstörungen vgl. *V.* und *F. Lehnert*, Ehe wir's verlernen. Erotik in der Ehe, 12 Denkanstöße, Neukirchen-Vluyn 2001, 58ff.

[32] Zur Terminologie vgl. *Hehl*, aaO, 60f.

[33] Zum weiten Feld der Psychosomatik vor allem *R. Dahlke*, Krankheit als Sprache der Seele. Be-Deutung und Chance der Krankheitsbilder, 10. Aufl. 1992. Von den dort partiell im Hintergrund erscheinenden esoterischen Faktoren distanzieren wir uns ausdrücklich. Sie sind aber u.E. für das Verständnis des psychosomatischen Ansatzes unerheblich.

[34] *Lehnert*, Ehe wir's verlernen, aaO. Vgl. zur Genese erotischer Prägungen auch *M. L. Moeller*, Worte der Liebe. Erotische Zwiegespräche, ein Elexier für Paare, Hamburg 1998, 163-196.

[35] *Lehnert*, Zoff, aaO, 17-20.

[36] Zu den unterschiedlichen Rollenaufteilungen vgl. unser Buch Ehe wir uns verlieren, aaO, hier S. 27ff.

[37] Vgl. *I. Prekop,* Der kleine Tyrann. Welchen Halt brauchen Kinder?, München 5. Aufl 1988.

[38] Vgl. *Lehnert,* Zoff, aaO, 13-15.

[39] Zum Sabbat vgl. *Lehnert,* Ehe wir's verlernen, aaO, 120-122.

[40] Zur Rollenerwartung vgl. Kap. 7 und unser Buch Ehe wir uns verlieren, aaO.

[41] Zur Wertschätzung vgl. *Lehnert,* Zoff, aaO, 77ff.

[42] *Gottmann*, Geheimnisse, 136-139, *zit.* 136. Vgl. zur sozialen Wandlung im Ganzen auch *U. Eibach*, Liebe, Glück und Partnerschaft. Sexualität und Familie im Wertewandel, Wuppertal 1996, 183ff.

[43] Immer noch lesenswert, aber leider z.Zt. nicht lieferbar, zu diesem Thema ist *N. Scholl*, Kleine Psychoanalyse christlicher Glaubenspraxis, München 1980.

[44] *H. D. Schmidt,* Art. Tabu, in: Lexikon der Psychologie Bd. 3, Freiburg, Basel, Berlin, 12. Aufl. 1994, 2267f.

[45] Vgl. unser Denkspiel, dass bei einer Eheschließung nicht zwei, sondern mindestens 8 Menschen heiraten, in: *Lehnert*, Zoff, aaO, 35ff.

[46] Vgl. dazu auch Kapitel 12.

[47] Vgl. hierzu auch *Gottmann,* Geheimnisse, aaO, 225-231.

[48] Das Folgende nach *S. Fliegel*, Vorname genügt – Ablösungsprobleme von den Eltern. Mutter und Vater als Dritte im Ehebund, in: http:// www.wdr.de/radio/wdr2/westzeit/psychologie990510.html.

[49] Ebd. 3.

[50] Das Folgende nach *Beziehungsweise* 14 / 96 unter Bezug auf *R. Brenig,* Die „Schwieger" im Urteil dreier Familienphasen, Zeitschrift

für Familienforschung 7 (1995) 50-70, abzurufen unter: http://www.oif.ac.at/presse/bzw/artikel.asp?Rubrik=3&BZWArtikel=140.

[51] Ebd.

[52] *Hehl*, aaO, 15.

[53] *Hehl*, aaO, 91.

[54] Vgl. hierzu auch *V.* und *D. Lehnert*, Wie sag ich's meinem Kinde? Impulse zur religiösen Erziehung, Neukirchen-Vluyn 2001, 96-98.
H.-J. Boecker, Wegweisung zum Leben. Recht und Gesetz im Alten Testament, Stuttgart 2000, 116f.
R. Gronemeyer, Die 10 Gebote des 21. Jahrhunderts. Moral und Ethik für ein neues Zeitalter, München, Düsseldorf 1999, 125ff.

[55] *J. Goldberg*, Schattenseiten der Liebe. Die heilsame Wirkung von Ärger, Hass und Eifersucht, München 1994, *zit.* 179.

[56] Vgl. *Lehnert*, Zoff, aaO, 83ff.

[57] *R. Ruthe*, Duett statt Duell. Konkrete Schritte zu einer harmonischen Ehe, Wuppertal, 1986, 77f.

[58] Der Popsänger *Terry Jacks* in ‚Seasons in the Sun' 1974. Wörtlich singt er aus der Perspektive eines Sohnes zum Vater: „You tried to teach me right from wrong".

[59] *Hehl*, aaO, 61.

[60] Vgl. hierzu besonders *G. Theißen*, Soziologie der Jesusbewegung, Gütersloh, 7.Aufl. 1997.

EHE der Zoff uns scheidet
Was Sie tun können,
bevor Sie was tun müssen
ISBN 978-7615-5124-0
€ [D] 9,90 / [A] 10,20 /
sFr 18,50

EHE wir's verlernen
Erotik in der Ehe
ISBN 978-3-7615-5170-7
€ [D] 9,90 / [A] 10,20 /
sFr 18,50

Niemals gehst Du ganz
Ratgeber für Zeiten der Trennung
Paperback - 184 Seiten
ISBN: 978-3-7615-5496-8
€ [D] 9,90 / [A] 10,20 / sFr 18,50

EHE wir uns verlieren
Wenn Paare Eltern werden.
12 Denkanstöße
Paperback - 111 Seiten
mit Karikaturen
ISBN 978-3-7615-5185-1
€ [D] 9,90 / [A] 10,20 / sFr 18,50